Martin Geck

DIE SINFONIEN BEETHOVENS

D1671480

Martin Geck

DIE SINFONIEN BEETHOVENS

Neun Wege zum Ideenkunstwerk

Georg Olms Verlag
Hildesheim · Zürich · New York
2019

Bibliografische Information der Deutschen Nationalbibliothek
Die Deutsche Nationalbibliothek verzeichnet diese Publikation
in der Deutschen Nationalbibliografie; detaillierte bibliografische
Daten sind im Internet über http://dnb.d-nb.de abrufbar.

2. Auflage 2019
1. Auflage 2015
© 2015 Martin Geck
© Georg Olms Verlag AG, Hildesheim 2015
www.olms.de
Printed in Hungary
Gedruckt auf säurefreiem und alterungsbeständigem Papier
Einbandgestaltung: Kurt Blank-Markard, Berlin
Satz: Satzstudio Winkens, Wegberg
ISBN 978-3-487-08556-2

INHALT

»Histrion véridique, je le fus de moi-même!
de celui que nul n'atteint en soi, excepté à des
moments de foudre et alors...«

»Ein wahrhafter Mime bin ich gewesen,
ein Mime meiner selbst! Eines Selbst,
zu dem keiner in sich vordringt, es sei denn
in Augenblicken, da Blitze zucken ...«

*Stéphane Mallarmé im Nachruf auf den
Dichter-Freund Villiers de l'Isle-Adam[1]*

»IMMER DAS GANZE VOR AUGEN ...«

BEETHOVEN – SINFONIKER PAR EXCELLENCE

Blitze zucken in der Sinfonik Beethovens allenthalben: Sie erleuchten
etwas, von dem der Komponist vorher bestenfalls *ahnt*, dass er es in
sich trägt, das jedoch mit Macht aus ihm herausdrängt. Die Jahre von
1800 bis 1824 sind in keinem Geschichtsbuch als besondere Epoche
ausgewiesen, markieren jedoch innerhalb der musikalischen Kunst
einen herausragenden Zeitraum: Sie stehen für jene Ideen-Welt, die
Beethoven mit seiner Sinfonik für sich und andere zu schaffen vermag.

Vielleicht hat schon er selbst in geschichtlichen Dimensionen gedacht, als er, fast dreißigjährig, seine *Erste* der Öffentlichkeit ausgerechnet im April 1800 vorstellte – also zu Beginn jenes neuen Jahrhunderts, von dem Wolfgang Robert Griepenkerl in seiner 1838
erschienenen Novelle *Das Musikfest oder die Beethovener* angesichts

einer markanten Stelle aus der *Eroica* (Kopfsatz, Takt 248 ff.) schwärmte: »36 Takte Neunzehntes Jahrhundert. [...] Es ist nicht möglich, das Mächtige dieser Stelle [allein nach dem Klavierauszug] auch nur zu ahnen. Was ist doch Instrumentalmusik!«[2] Jedenfalls beginnt mit Beethovens *Erster* eine neue Epoche in der Geschichte der Sinfonie, wenn nicht in der Geschichte der Klassischen Musik schlechthin; und es lohnt, ein wenig über die Voraussetzungen dieses Epochenumbruchs nachzudenken.

Für das Verständnis Beethovenscher Kunst sind vor diesem geschichtlichen Horizont zwei Strömungen von eminenter Bedeutung, die der Historiker gemeinhin als eine Abfolge zweier Epochen zu begreifen versucht, die jedoch (nicht nur) in diesem Falle ineinanderfließen: Aufklärung und Romantik. Zu den Ideen der Aufklärung gehört, dass der Einzelmensch seine eigene Würde, aber auch seine Verantwortung für das große Ganze entdeckt. Die bis dahin maßgebliche, christlich grundierte Devise hatte gelautet: ›Gott ist groß, der Mensch ist klein; wo es große Menschen gibt, handelt es sich um die in göttlichem Auftrag handelnden Herrscher und ihre Statthalter.‹ In diesem Sinne hat Johann Sebastian Bach eine Kantate auf die sächsische Kurfürstenfamilie komponiert, die mit den Worten beginnt: »Willkommen, ihr herrschenden Götter der Erden«. Natürlich hat es schon immer Sinn für genuin menschliche, speziell geistige und künstlerische Größe gegeben, doch das war ein Nebenschauplatz. Im Zuge der Aufklärung soll daraus ein Hauptschauplatz werden. Demgemäß lautet die neue Devise: ›Jeder vernunftbegabte Mensch kann die Gesellschaft weiterbringen; und wer Genie hat, kann die Welt aus den Angeln heben!‹

Dieser Devise stellen die Romantiker ihre Erfahrung entgegen, dass das Genie beständig an seine Grenzen stößt, indem allen Höhenflügen eine schnöde Alltagsrealität entgegensteht. Beethoven bringt diese Widersprüchlichkeit auf den Punkt: Die Siege, die seine Sinfonik feiert, sind hart errungen oder gar mit Mitteln herbeigezaubert, welche nur die musikalische Kunst kennt – besonders die eigene.

Napoleon Bonaparte – Prometheus seiner Zeit und ein virtueller Leitstern des Sinfonikers Beethoven

Genie hat in den Augen Beethovens der gleichaltrige Napoleon Bonaparte. Dass sich der Komponist mit diesem – ungeachtet der Irritationen, die Napoleons Selbstkrönung zum Kaiser bei ihm ausgelöst hat – lebenslang in hohem Maße identifiziert oder jedenfalls an ihm gemessen hat, steht außer Frage. Seine Bewunderung für den Korsen beruhte nicht zuletzt darauf, dass dieser sich nicht in Folge erblicher Privilegien, sondern auf Grund seines strategischen Genies zum Herrscher Europas hatte aufschwingen können und sich dabei für grundlegende gesellschaftliche Umwälzungen eingesetzt hatte. Es macht einen guten Sinn, Beethovens Verhältnis zur Aufklärung durch den Filter seiner Bewunderung für Napoleon zu betrachten – so einseitig diese Sichtweise erscheinen mag. Doch gerade dem *Sinfoniker* Beethoven kommt man auf diesem Wege sehr nahe. Denn es geht hier weniger um jenen Napoleon, den Beethoven noch 1820 einen »Beschützer des Rechtes und der Gesetze« nennen wird (vgl. unten S. 13). Hier steht vielmehr zur Diskussion, was der Franzose »gloire« nennt und was im Deutschen mit »Ruhm und Verdienst« zu übersetzen wäre: Wie viele seiner Zeitgenossen hegt Beethoven größte Bewunderung für einen Menschen, der allein durch sein *Genie* Taten vollbringt, die der Allgemeinheit zum Muster dienen und zugleich dem Individuum zu bleibendem Ruhm verhelfen.[3] Das erinnert an die antiken Helden à la Alexander den Großen, mit denen sich Beethoven identifiziert, und bedeutet ein beständiges Stimulans, sich mit außerordentlichen Taten im Reich der Künste seinerseits ähnlichen Ruhm zu erwerben. (Wie weit Beethovens Identifizierung mit Persönlichkeiten der Antike gehen konnte, zeigt exemplarisch seine Haltung im Streit um die Vormundschaft über den Neffen Karl: In einer gerichtlichen Eingabe aus dem Jahr 1818 führt er an, auch Philipp von Mazedonien habe die Erziehung seines Sohnes Alexander [des Großen] selbst geleitet; das gleiche Recht nehme er nunmehr hinsichtlich seines Neffen für sich in Anspruch.)

Der Topos der »gloire« ist deshalb so wichtig für den Komponisten und speziell für den Sinfoniker Beethoven, weil er weit mehr Sinnlichkeit ausstrahlt als alle ethischen Begriffe zusammen und sich daher zur Umsetzung in klangliche Vorstellungen geradezu anbietet: Beethoven kann hier an diverse Traditionen vokal-instrumentaler Staatsmusiken bis hin zur offiziellen Musik der französischen Revolution anknüpfen und zugleich Neues schaffen.

Am 26. Januar 1793 schreibt Beethovens Freund Bartholomäus Fischenich aus Bonn an Schillers Gattin Charlotte über die künstlerischen Pläne des 22jährigen Beethoven: »Er wird auch Schillers ›Freude‹ und zwar jede Strophe bearbeiten. Ich erwarte etwas vollkommenes, denn soviel ich ihn kenne, ist er ganz für das Große und Erhabene.«[4]

Damals ist Beethoven gerade mit einem Stipendium des Bonner Kurfürsten nach Wien aufgebrochen; und vermutlich hat ihm sein Dienstherr umso bereitwilliger einen langfristigen Urlaub erteilt, als im Oktober 1792 die französischen Revolutionstruppen im Rheinland einmarschiert sind. Das sorgt vorab für unsichere Verhältnisse, sodass eine geordnete Theater- und Musiksaison nicht zu erwarten steht und der junge Hofmusiker mithin in Bonn entbehrlich ist.

Im Januar 1793 ist in Paris der französische König Ludwig XVI. guillotiniert worden, und es beginnt die sogenannte »Schreckensherrschaft«. Da wird auch Schiller, an sich ein glühender Verfechter der französischen Revolution, nachdenklich fragen, was von den Idealen »Freiheit, Gleichheit und Brüderlichkeit« tatsächlich verwirklicht worden sei. In sein 1799 veröffentlichtes *Lied von der Glocke* wird er die ersichtlich warnenden Verse aufnehmen: »Wehe, wenn sie losgelassen / Wachsend ohne Widerstand / Durch die volkbelebten Gassen / Wälzt den ungeheuren Brand! ...«

Was hat Beethoven von alledem mitbekommen? Dass er sich 1793 für Schillers *Ode an die Freude* interessiert und etwas »Großes« daraus machen will, kommt einerseits nicht von ungefähr, ist andererseits nicht selbstverständlich. Der elf Jahre vor Beethoven geborene Schiller steht damals noch im Ruf eines literarischen Revolutionärs. Seine 1781 unter Umgehung der Zensur anonym erschienenen *Räuber* werden wegen ihres rebellischen Impulses alsbald leidenschaftlich diskutiert und nicht zufällig immer wieder verboten. Die 1785 in fröhlicher Runde hingeschriebene *Ode an die Freude* wird zwar der Dichter selbst fünfzehn Jahre später als ein »schlechtes Gedicht« bezeichnen. Das ist jedoch für Beethoven im Jahre 1793 kein Hindernis, in diesen Versen seine damaligen Ideale von Freiheit und Brüderlichkeit gespiegelt zu sehen.

Ob Beethoven ein genuiner Anhänger der französischen Revolution gewesen ist, wissen wir nicht; man darf jedoch vermuten, dass er mit ihr zumindest von fern sympathisiert hat. Der Wahlspruch seines Bonner Kompositionslehrers Neefe lautete: »Die Großen der Erde lieb' ich sehr, wenn sie gute Menschen sind. [...] Schlimme Fürsten hass' ich mehr als Banditen«.[5] Beethoven selbst schreibt in dem Schlüsseljahr 1793 der Nürnbergerin Theodora Vocke ins Stammbuch: »Freyheit über alles lieben; Wahrheit nie, (auch sogar am Throne nicht) verläugnen.«[6]

Noch 1812 findet sich unter den ersten Skizzen zur späteren 9. Sinfonie der verbale Eintrag: »abgerissene sätze wie Fürsten sind Bettler«[7], womit Beethoven die Phrase »Bettler werden Fürstenbrüder« aus der Erstfassung von Schillers *Ode an die Freude* radikalisiert[8]. Das spricht nicht gerade dafür, dass er damals die Ideale der französischen Revolution – wohlbemerkt: deren Ideale – bereits dem Vergessen anheimgegeben hätte.

Wenn er im August 1794 von Wien aus dem Freund Simrock nach Bonn schreibt: »man sagt, es hätte eine *Revolution* ausbrechen

sollen – aber ich glaube, solange der österreicher noch Braun's Bier
und würstel hat, *revoltirt* er nicht«,[9] so kann man daraus zumindest
eine geheime Sympathie für die Jacobinische Bewegung herausle-
sen. Ohnehin hätte er sich angesichts der herrschenden Briefzensur
kaum deutlicher ausdrücken können.

Jedenfalls beginnt mit dem Aufstieg Napoleon Bonapartes, der
im Jahr zuvor zum französischen Heerführer und durch den Staats-
streich vom 9. November 1799 zum ersten Konsul und damit auf
zehn Jahre zum Alleinherrscher Frankreichs aufsteigt, in Beethovens politischer Biographie ein neues Kapitel. Doch nicht nur Beethoven erscheint der Korse wie der sprichwörtliche Phönix, der sich
aus der Asche der französischen Revolution erhebt: Als solcher wird
er vielmehr allenthalben bildlich und literarisch dargestellt. In dieser
Rolle bewundert ihn auch Goethe, der im Gegensatz zu Schiller
ein Feind der französischen Revolution gewesen war, in Napoleon
aber jenen Prometheus findet, den er schon in dem *Prometheus*-
Gedicht seiner Sturm-und-Drang-Jahre gefeiert hatte. Kein Gerin-
gerer als Friedrich Nietzsche schreibt in der *Götzendämmerung*:
Goethe »hatte kein größeres Erlebnis als jenes *ens realissimum*, das
Napoléon heißt«. Weiterhin postuliert er: »das Ereignis, um des-
sentwillen er seinen *Faust*, ja das ganze Problem ›Mensch‹ umge-
dacht hat, war das Erscheinen Napoléons«.[10]

Es duldet kaum Zweifel, dass noch Beethovens Bekenntnis von
1819, für Erzherzog Rudolph bestimmt, im Geist der Napoleonischen Ära geschrieben ist: »allein Freyheit, und weiter gehn ist in
der Kunstwelt, wie in der ganzen großen schöpfung, zweck«.[11]
Und wenngleich Beethoven nicht wie Goethe über getreue, jedes
seiner Worte festhaltende Gesprächspartner à la Riemer, von Müller
oder Eckermann verfügte, so gibt es doch immerhin die Konversationshefte, in denen – wenige Monate nach dem genannten Brief –
im Januar 1820 über Napoleon zu lesen ist: Dieser sei zwar durch
seine Hybris gescheitert, hatte aber »Sinn für Kunst und Wissenschaft und haßte die Finsterniß. Er hätte die Deutschen mehr schät-

zen und ihre Rechte schützen sollen. [...] Doch stürzte er überall das Feudal System, und war Beschützer des Rechtes und der Gesetze.«[12]

Liest man diese Sätze, so muss es nicht verwundern, dass Beethoven augenscheinlich schon im Frühjahr 1798 erste Kontakte zu dem Korsen geknüpft hat. Der Überlieferung nach soll er damals im Wiener Quartier des französischen Generals Bernadotte verkehrt haben, als dieser nach dem Frieden von Campo Formio die Forderungen der siegreichen Franzosen durchsetzen soll. Anlässlich der Eröffnung eines französischen Theaters soll Bernadotte in Beethoven den Gedanken einer *Napoleon*-Sinfonie geweckt und ihn über den Geiger und Komponisten Rodolphe Kreutzer als Mittelsmann mit der neuen französischen Revolutionsmusik eines Gossec, Catel und Cherubini bekannt gemacht haben.

Das mag zutreffen oder auch nicht. Jedenfalls ist nicht zu leugnen, dass in den beiden ersten, zwischen 1799 und 1802 komponierten Sinfonien Beethovens Töne französischer Revolutionsmusik hörbar sind. So erinnert das Hauptthema des Kopfsatzes der *Ersten* deutlich an das Thema einer Ouvertüre, die Rodolphe Kreutzer, Professor am neugegründeten Pariser Conservatoire, 1794 anlässlich des Marathontages komponiert hat, durch dessen Feier die Kampfesbegeisterung der Franzosen während des ersten Koalitionskriegs geschürt werden sollte.

Die Überlegung, dass Beethoven damit bloß einer Pariser Mode huldige, relativiert sich schnell, wenn man das zwischen 1. und 2. Sinfonie aufgeführte Ballett *Die Geschöpfe des Prometheus* op. 43 ins Auge fasst. Beethoven verantwortet diese Produktion des Wiener Hofburgtheaters, die es auf über 20 Aufführungen bringt, gemeinsam mit dem Ballettmeister Salvatore Viganò. Grundlage der Handlungsskizze des »heroisch-allegorischen Balletts« ist das mythologische Epos *Il Prometeo*, dessen ersten Gesang der italienische Dichter Vincenzo Monti 1797 unter dem Eindruck der militärischen und politischen Taten Napoleons verfasst hat; und über die Parallelsetzung von Prometheus und Napoleon kann schon deshalb kein Zweifel herrschen, weil Monti eine solche Gleichsetzung in seiner Widmung an Napoleon ausdrücklich herstellt.

Zumal Beethovens Musik deutliche Anklänge an die offizielle Hymne des französischen Konsulats, »Veillons au salut de l'empire«, zeigt, resümiert Peter Schleuning als Kenner der Materie vielleicht nicht zu Unrecht: »Man wird in dem Ballett eine Huldigung an Bonaparte als den zeitgenössischen Vollender mythischer Menschheitserziehung sehen müssen, wahrscheinlich aber auch einen mythologisch formulierten Aufruf an den französischen Konsul, auch die anderen europäischen, immer noch unter feudalistischer Herrschaft schmachtenden Völker zu befreien, eine Hoffnung, die zu jener Zeit alle fortschrittlichern Geister hegten.«[13]

In seiner 3. Sinfonie, der *Eroica*, greift Beethoven das zuvor im Ballett behandelte Thema Prometheus/Napoleon im Genre der Sinfonik auf: Das Hauptthema des letzten Satzes ist identisch mit dem Final-Thema aus der Ballettmusik. Und mehr als das: Indem Beethoven die Sinfonie mit einer Art Vorahnung der Prometheus-Apotheose des Finales beginnen lässt, steuert er von Anbeginn auf dieses Finale zu. Dass die Parallelität nicht inhaltsneutral, vielmehr an das ursprüngliche Sujet geknüpft ist, belegt die Tatsache, dass Beethoven diese seine 3. Sinfonie ursprünglich nach Napoleon benennen oder ihm widmen will. Das Titelblatt einer Abschrift des Werks vom August 1804 lässt noch die vom Komponisten ausradierte Zeile »intitolata Bonaparte« und seinen eigenen handschriftlichen Bleistift-Vermerk »Geschrieben auf Bonaparte« erkennen.

Auf die Nachricht hin, dass sich der Bewunderte am 2. Dezember 1804 in Paris selbst zum Kaiser gekrönt habe, soll Beethoven – der Erinnerung seines Schülers Ferdinand Ries zufolge – das Titelblatt seiner inzwischen verschollenen Originalpartitur mit entsprechender Widmung zerrissen und ausgerufen haben: »Ist der auch nichts anders, wie ein gewöhnlicher Mensch! Nun wird er auch alle Menschenrechte mit Füßen treten, nur seinem Ehrgeiz fröhnen.«[14]

Das ist der Sache nach glaubhaft. Vielleicht ist alles jedoch viel prosaischer. Da Beethoven die *Eroica* für 700 Gulden seinem fürstlichen Gönner Lobkowitz – und damit einem Vertreter des Österreichischen Hochadels – verkauft und ihm für weitere 80 Golddukaten gewidmet hat, verbietet sich jeder öffentliche Hinweis auf Napoleon schon von daher. Doch selbst wenn Beethoven die Kaiserkrönung zum Anlass genommen haben sollte, um von Napoleon mit Aplomb abzurücken, würde das nicht unbedingt bedeuten, dass damit das Thema »Napoleon« für ihn erledigt gewesen wäre.

Denn natürlich entgeht ihm nicht, dass seine Musik damals gerade in Paris hoch geschätzt wird. Und die im Jahr 1804 mehrfach mit Entschiedenheit geäußerten Pläne, dorthin zu ziehen und die später *Fidelio* genannte Oper *Leonore* mitzunehmen, liegen weiterhin auf dem Tisch. So fragt er im Jahr 1809 – also nicht lange nach Goethes Zusammentreffen mit Napoleon – seinen französischen Besucher Baron von Trémont, ob der Kaiser ihn wohl empfangen werde, falls er Paris besuche. Damals spielt er außerdem ernsthaft mit dem Gedanken, eine Kapellmeisterstellung am Kasseler Hof von König Jérôme, einem Bruder Napoleons, anzunehmen. Und wenig später überlegt er, ob er Napoleon seine C-Dur-Messe widmen solle. Auch sein weiteres Schaffen zeugt von einer Emphase, die sich gut mit dem herrschenden Napoleonkult verbinden lässt: Sie spricht nicht nur aus den drei ersten Sinfonien, sondern auch aus der *Fünften* und der *Siebten*, aus den Ouvertüren und aus vielen Partien der Oper *Fidelio*.

Offensichtlich ändert die Enttäuschung, die er angesichts von Napoleons Eroberungsstrategien empfunden haben wird, nichts an dem grundsätzlichen Wunsch, mit dem großen Korsen wie Goethe gleichsam auf Augenhöhe zu verkehren. In diesem Sinne charakteristisch ist der Ausspruch, den Beethoven nach Napoleons Sieg bei Jena und Auerstedt gegenüber dem Geiger Krombholz getan haben soll: »Schade! daß ich die Kriegskunst nicht so verstehe wie die Tonkunst, ich würde ihn doch besiegen!«[15]

Auf eine einfache Formel gebracht, erblickt Beethoven in der sogenannten »heroischen Periode« seines Schaffens in Napoleon den
*Staats*künstler, der gut daran täte, ihn selbst zu seinem Staats*künstler* zu machen. Mit solchen Vorstellungen nimmt er – darin dem
gleichaltrigen Hölderlin nicht unähnlich – das idealisierte Bild einer
Antike auf, in der Staatsmänner zugleich Künstler und Philosophen
sind oder sich von solchen zu höheren Zielen leiten lassen.

Zugang zu diesen höheren Zielen erlangt Beethoven nicht zuletzt über die mythische Gestalt des Prometheus, der einer dump-
fen, ihren Namen noch kaum verdienenden Menschheit Licht und
Feuer bringt. Solcherart »Aufklärung« können freilich nur große
Einzelne leisten. In diesem Sinne betrachtet Beethoven nicht den
Tagespolitiker Napoleon als Lichtgestalt, wohl aber den *genialen
Zeitgenossen*, der als Lenker des Volks und der Völker zu promethei-
schen Taten aufruft. Im Bereich der Kunst will es Beethoven dem
großen Bruder gleichtun. Nicht nur *er selbst* sieht sich in diesem
Sinne als einen Napoleon der Musik. Wäre Ähnliches nicht auch
von anderen gesehen worden, so gäbe es wohl kaum die in den
Konversationsheften notierte Frage eines Besuchers: »Heißt das
nicht *Handeln* bey Ihnen: Componiren?«[16] Beethoven, so sieht es
der unbekannte Gast, verwirklicht im Bereich der Musik dasjenige,
was in der Zeit angesagt ist, nämlich »Freiheit« und »Weitergehn«,
wie es in einem von Beethovens Briefen (vgl. S. 12) heißt.

Orchestrale Wucht – die Basis von Beethovens neuer sinfonischer Kunst

Pathos und Heldentum, charakteristisch für das europäische Le-
bensgefühl in der Periode zwischen 1789 und 1814, zwischen Französischer Revolution und Wiener Kongress, strahlt Beethovens
Sinfonik nicht nur dadurch aus, dass sie Elemente französischer Revolutionsmusik in sich aufsaugt und verarbeitet. Vielmehr geht es
um Darstellung von Größe, von Schöpferkraft und Raumeroberung
schlechthin. Diese Momente Beethovenscher Sinfonik kommen in
traditioneller Musikanalyse oft zu kurz, weil man dort vor allem die
Vorstellung eines Beethoven pflegt, der als Erster die Prozesshaftigkeit des Komponierens zu *dem* großen Thema gemacht habe. Indessen lässt sich auch im Rahmen von Klavier-und Kammermusik
oder selbst innerhalb der Gattung Oper prozesshaft komponieren.
Im Bereich von Sinfonie und Ouvertüre geht es um *mehr*, nämlich
um den Gestus von Macht.

Dieser Prozess ist eng an ein Neuverständnis von Orchester und
Orchesterklang gekoppelt. Während die Sinfonik vor Beethoven –
idealtypisch gesehen – in der Vorstellung verharrte, dass der Komponist *zunächst* einen musikalischen Satz schaffe, den er *danach* in-
strumentiere, ist dies spätestens seit *Eroica* und 5. Sinfonie nur noch
eine Wahrheit, der eine *andere*, komplementäre, gegenübersteht:
Der Orchesterapparat treibt bestimmte musikalische Entwicklungen
aus sich heraus. Das gilt für Steigerungen, Klangflächen, lapidare
Wiederholungen usw., die ohne die Gewalt des Orchesterklanges
keinen Sinn machen würden und keine Wirkung hätten.

Zwar kennt schon die Orchestermusik des 18. Jahrhunderts
Machtgesten; diese finden sich jedoch meistenteils standardisiert in

C-Dur- oder D-Dur-Sinfonien, wo die Gruppe der Trompeter und Pauker für festliche Atmosphäre und die Anmutung von Herrscherglanz sorgt. Das ist jedoch nicht mit den Orchesterschlägen zu vergleichen, die Beethoven im wahrsten Sinne des Wortes austeilt. »Zwei Hiebe schwerer Kavallerie, die ein Orchester spalten wie eine Rübe« – so beschreibt Wilhelm von Lenz die beiden Orchesterschläge zu Beginn der *Eroica*[17]; und wenngleich einem angesichts der militaristischen Sprache das Lachen im Halse stecken bleibt, so zeigt die Metapher des um die Mitte des 19. Jahrhunderts durchaus angesehenen Beethoven-Biographen, wie man damals in weiten bildungsbürgerlichen Kreisen Beethovens Sinfonik hörte. In der Tat sind ja innerhalb seines ohnehin vielfach aggressiven Orchesterklangs abgerissene Tuttiakkorde keine Seltenheit; und im Falle des knappen *Eroica*-Prologs sind sie nicht bloße Geste, haben vielmehr geradezu »motivisch-thematischen Rang«.[18] Dasselbe gilt für einzelne Partien der Pauke, deren explosive Kraft besonders in der *Siebten*, *Achten* und *Neunten* zu spüren ist, aber auch in der Gewitter-und-Sturm-Szene der *Pastorale*: Auf durchaus originelle Weise setzt Beethoven die Pauke um der besonderen Wirkung willen innerhalb der ganzen 6. Sinfonie nur in dieser charakteristischen Szene ein.

Ganz zu schweigen von dem exzessiven Gebrauch, den Beethoven von Forte- oder Sforzato-Vorschriften macht. Wer einen Blick in die Noten wirft, wird feststellen, dass sich entsprechende Hinweise auch dort befinden, wo sie sich eigentlich von selbst verstehen: Sie sind gleichsam als dreifache Ausrufezeichen für den Dirigenten und die ausführenden Musiker gedacht. Besonders auffällig ist Beethovens Sforzato (das mit »sehr betont« zu übersetzen ist), wo es innerhalb eines raschen Wechsels von Forte und Piano, in Verbindung mit einer Synkope oder auf unbetontem Taktteil Anwendung finden soll. Der Gegenwartskomponist Mauricio Kagel hat davor gewarnt, Beethovens Sforzati zu domestizieren oder zu schönen: »Ich will nicht die These aufstellen, alle Sforzati sollten den musikalischen Vortrag aus den Fugen heben, aber sie müssen brüchiger, kantiger wirken.«[19]

Ein solches Statement unterstreicht, dass es bei Beethoven alles andere als konform marschmäßig zugeht; vielmehr stehen seine spezifischen Akzentsetzungen für Willensäußerungen, die sich einerseits als spontane individuelle Kraftakte deuten lassen, die jedoch andererseits einer jeweils überlegten, weitgefassten Gesamtkonzeption verpflichtet sind. *Wenn* sich Beethoven in seiner Rolle als Komponist tatsächlich mit dem Feldherrn Napoleon verglichen haben sollte, so gibt es hier in der Tat einleuchtende Parallelen – nämlich im Sinne einer taktischen Unberechenbarkeit, der doch eine schlüssige Gesamtstrategie zu Grunde liegt.

Zu dieser Gesamtstrategie gehört, dass von der *Zweiten* an alle Sinfonien im Prinzip als Finalsinfonien zu betrachten sind: Sie bieten mehr als einen beschwingten Kehraus, indem sie – einmal mehr, einmal weniger – von Anfang an auf das Finale zuzusteuern scheinen. Besonders deutlich wird dies an der *Eroica*, der *Fünften*, der *Pastorale*, der *Siebten* und der *Neunten*. Solches muss nicht unbedingt mit einer Klangmassierung einhergehen wie in der *Fünften* und der *Neunten*; entscheidend ist, dass sich eine *Idee* erkennen oder zumindest erahnen lässt, die im Finale ihre Krönung findet. Im Fall der *Pastorale* ist dies der »Hirtengesang«, der den Eindruck, den der Aufenthalt auf dem Lande hinterlassen hat, als »frohe und dankbare Gefühle nach dem Sturm« darbietet. Es ist bezeichnend, dass sich in einem der Skizzenbücher die Eintragung »herr wir danken dir« befindet – womöglich ein Hinweis auf Beethovens Erwägung, den Erhabenheitsanspruch des Finales durch die Einbeziehung von Vokalstimmen einzulösen, wie dies dann in der *Neunten* tatsächlich geschieht.

Indessen weist nicht nur die großformale Anlage von Beethovens Sinfonien einen dynamischen, entschlossen vorwärts gerichteten Zug auf, vielmehr gilt dies auch für die Satzgestaltung im Einzelnen. Namentlich die Themen der Kopfsätze – exzeptionell diejenigen der *Eroica*, der *Fünften* und der *Neunten* –, stellen alles andere als eine zusammenhängende melodische Folge dar, haben vielmehr eine so knappe, wenn nicht geradezu rudimentäre Formung, dass sie ihre Weiterentwicklung im Sinne prozesshaften Komponierens geradezu einfordern.

Doch damit nicht genug: Man verstellt sich den Zugang zur Sinfonik Beethovens, wenn man ihren dynamischen Zug und ihren suggestiven Drang nach räumlicher Ausdehnung allein an motivisch-thematischen Prozessen festmachte, wie dies in der etablierten Musikwissenschaft gelegentlich im Übermaß geschieht. Vielmehr entsteht der Eindruck von Prozesshaftigkeit im Zusammenspiel von Motivik auf der einen sowie eigenwilliger Dynamik, konflikthafter Metrik und einer Harmonik, die keine Schroffheiten scheut, auf der anderen Seite. Dabei fallen dem unbefangenen Hörer die letztgenannten Momente weit merklicher ins Ohr als womöglich verwickelte motivisch-thematische Zusammenhänge: Rhythmus sei »unstreitig das Nothwendigste zur Verständigung der Musik«[20], heißt es demgemäß in einem Konversationsheft. Für die Schaffung von Architektur und den Eindruck großformaler Planung ist das harmonische Konzept eines Satzes entscheidender als die Linienführung der Melodik, denn harmonische »Schachzüge« sind auch dort, wo man sie vielleicht gar nicht im Einzelnen durchschaut, von unmittelbarer Wirkung. Das gilt etwa für den Übergang zum Seitenthema im Kopfsatz der 2. Sinfonie: Er führt von der Ausgangstonart D-Dur nicht geradewegs über die Doppeldominante E-Dur nach A-Dur, sondern nimmt – vereinfacht gesagt – den von Adolf Bernhard Marx »macht- und schauervoll« genannten Umweg über G-Dur/ g-Moll[21], von wo es über B-Dur und E-Dur endlich nach A-Dur geht. Das Ganze ist ein winziges Detail aus Beethovens Sinfonien-Kosmos, das für die frappierende Wirkung, welche der Eintritt des Seitenthemas erzielt, gewiss ebenso stark verantwortlich ist wie der Charakter dieses Themas selbst.

Dass die Bedeutung der Melodik in Beethovens Sinfonik dessen ungeachtet nicht zu unterschätzen ist, belegt recht drastisch eine »Aufklärung über die Melodie«, die Richard Wagner im Jahr 1859

dem »neudeutsch« und daher mit allen möglichen harmonischen
Finessen komponierenden Felix Draesecke erteilt, wie dieser berichtet: »Ganz unvorhergesehener Weise [...] fing er [Wagner] an einem
sehr heißen Augustnachmittag einmal an, den ersten Satz der Eroica
zu singen, geriet in einen furchtbaren Eifer, sang immer weiter,
wurde sehr heiß, kam außer sich, hörte aber nicht auf, als bis er an
den Schluß des ersten Teiles gekommen war. ›Was ist das?‹ schrie er
mich an, worauf ich natürlich sagte: ›Die Eroica‹. ›Nun, ist denn die
blanke Melodie nicht genug? Müßt Ihr denn da immer Eure ver-
rückten Harmonien mit dabei haben?‹«[22] (Was Wagner damit
meint, zeigt im Extrem sein Schüler Peter Cornelius in Gestalt des
Liedes *Ein Ton* aus op. 3 von 1854: In diesem Kabinettstückchen
verharrt die Singstimme tatsächlich von der ersten bis zur letzten
Note auf dem Ton h, während das Klavier alle denkbaren Register
einer harmonisch originellen Begleitung zieht.)

Draesecke setzt den Bericht über seine Begegnung mit Wagner
mit der Mitteilung fort, dieser habe ihm alsdann »in ruhigerer Weise
auseinandergesetzt, daß der melodische Fluß in den Beethoven'schen
Sinfonien unversiegbar dahinströme und daß man sich an Hand dieser Melodie die ganze Symphonie deutlich ins Gedächtnis rufen
könne«.[23] Just in diesen Tagen vollendet Wagner die Partitur von
Tristan und Isolde, an der ihm die »Kunst des feinsten allmählichsten
Überganges«[24] besonders rühmenswert erscheint. Und es ist bemerkenswert zu sehen, dass Wagner sich angesichts seiner eigenen Komposition des Beethoven'schen Melodieflusses erinnert: Da hat ihm
nicht der – ansonsten von ihm durchaus bewunderte – kühn harmo-
nisierende und schroff artikulierende Beethoven als Vorbild gedient,
sondern der unerschöpfliche Melodiker, der seine Hörer *auch* durch
das Kontinuum melodischen Flusses zu binden vermag.

Wer waren diese Hörer? Beethoven muss sich sein Publikum
schaffen; denn anders als in Paris und London gibt es in Wien um
1800 keine auffällige Begeisterung für die Gattung der Sinfonie – es
existiert nicht einmal ein »Sinfonie«-Orchester, das diesen Namen

der Sache nach verdiente. So ist Beethoven genötigt, sich für seine »Akademien«, also seine auf eigene Rechnung veranstalteten Konzerte, sein Orchester aus dem Fundus der Wiener Musiker jeweils selbst zusammenzustellen, wenn er nicht das Glück hat, auf das Privatorchester des Fürsten Lobkowitz zurückgreifen zu können, das etwa für die Proben und ersten Aufführungen von *Eroica* und 4. Sinfonie zur Verfügung steht.

Beethoven muss nicht nur sein Orchester organisieren, er muss sich auch sein eigenes Publikum schaffen. Denn die oben erwähnte Äußerung Fischenichs, sein junger Bonner Freund sei ganz für das »Große und Erhabene«, heißt ja nicht, dass das entsprechende Ideal von vornherein auf Resonanz stieße. Das ist allein deshalb unwahrscheinlich, weil das Neue an Beethovens Sinfonik nicht nur in gesteigerter sinfonischer Wucht besteht, sondern in einer Tonsprache, die im Detail hochdifferenziert und in ihrer Semantik – also in dem, was sie aussagen will – vielschichtiger ist als diejenige seiner Vorgänger. So kommt es, dass die Kritiker seiner Sinfonien zunächst oftmals recht vorsichtig urteilen: Niemand komme an Beethovens Größe vorbei, heißt es gern, doch keiner ist in der Lage, diese Größe adäquat zu beschreiben.

Immerhin mag man früh geahnt haben, was zu Anfang des 20. Jahrhunderts der Musikdenker und -kritiker Paul Bekker in die Vorstellung gefasst hat, seit Beethoven sei »die Aufführung einer Sinfonie gleichbedeutend mit einer musikalischen Volksversammlung« – nämlich »einer Versammlung, in der ein durch die Musik zum Ausdruck gelangendes Gemeingefühl lebendig und tätig« werde.[25] Zumindest in der umjubelten Uraufführung der 7. Sinfonie im Jahr 1813 dürfte Bekkers posthume Einschätzung einen konkreten geschichtlichen Beleg haben: Viele Hörer vernahmen das Werk damals augenscheinlich als ein Abbild jenes Freudentaumels, den die jüngsten militärischen Siege der europäischen Koalitionsmächte gegen Napoleon ausgelöst hatten.

Männlichkeitswahn – eine Konstante in Beethovens Sinfonik?

Es gibt in Beethovens Sinfonik Momente, die man als Gesten von Macht oder als Ausbrüche von Gewalt nicht nur metaphorisch deuten, sondern geradezu sinnlich erfahren kann. Ähnliches wird man in der Zeit vor Beethoven selten, danach immer wieder finden; und nicht zuletzt diese musikgeschichtliche Konstellation hat vor allem die jüngere US-Musikologie von einem *Beethoven Paradigm* sprechen lassen, welches die Vorstellung von dem, was die sogenannte klassische Musik sei, über zwei Jahrhunderte hinweg einseitig geprägt, wenn nicht geradezu verzerrt habe. Nun kann man zwar die *Werke selbst* nicht – oder nur im Sinne experimenteller Kunst – umkomponieren; wohl aber kann man ihre *Rezeptionsgeschichte* reflektieren und dabei immer wieder bestätigt finden, dass sie von Vorstellungen bestimmt ist, die man gern »dem Mann« zuordnet – deutlich erkennbar an der Art und Weise, in der man über sie redet und schreibt.

Ist ›Männlichkeitswahn‹ darüber hinaus ein Merkmal der Beethovenschen Sinfonik *an sich*? Streng genommen gibt es kein solches An-Sich, weil jedes Werk mit seiner Rezeption in einem solchen Maße verschmilzt, dass eine Trennung beider Momente fast unmöglich erscheint. Doch immerhin lassen sich Vergleiche anstellen – sowohl zwischen Beethoven und seinen Zeitgenossen als auch innerhalb des Beethovenschen Œuvres selbst. Vor diesem Horizont ist unleugbar, dass Beethoven weit mehr sinfonische Machtgesten kennt als etwa Schubert – ja, dass Letzterer zu dem gelösten Gestus seiner großen C-Dur-Sinfonie erst zu finden vermochte, nachdem er in der zuvor komponierten, unvollendet gebliebenen h-Moll-Sin-

fonie am heroischen Beethovenschen Ideal nach eigener Einschätzung (produktiv) gescheitert war.[26]

Was Beethoven selbst betrifft, so wird allerdings leicht überse-
hen, dass die im weitesten Sinne »titanischen« Momente nur einen
Teil einer weit umfassenderen Ausdruckspalette ausmachen. Ein Vergleich, wie viel Raum die »heroischen« Passagen einerseits, diejenigen anderen Charakters andererseits einnehmen, würde vermutlich
zu überraschenden Ergebnissen führen. Man macht es sich zu einfach, wenn man dem Œuvre mit Susan McClary lediglich einzelne
»feminine zones« zugesteht, zu denen etwa das *Adagio* der *Neunten* im Sinne einer »important exception« gehöre.[27] Und wenn dieselbe Autorin vom Repriseneinsatz im ersten Satz der *Neunten*
schreibt, es handele sich um »one of the most horrifying moments
of music, as the carefully prepared cadence is frustrated, damming
up energy which finally explodes in the throttling murderous rage
of a rapist incapable of attaining release«[28], so mag sie die Stelle gemäß *ihrer* Wahrnehmung authentisch beschreiben, jedoch schwerlich erweisen können, damit eine typisch »masculine zone« charakterisiert zu haben: Beethovens hochdifferenzierte Musik lässt sich
nicht einseitig auf genderspezifische Merkmale festlegen. Was freilich nicht ausschließt, dass man sich die Meinung Walter Benjamins
zu eigen macht, der einstmals resümierte: Was ein distanzierter Betrachter an »Kulturgütern« überblicke, sei ihm »samt und sonders
von einer Abkunft, die er nicht ohne Grauen bedenken« könne.[29]
Über Benjamins Vorstellung, dass der kulturelle Diskurs immer
auch ein Machtdiskurs sei, hinausgedacht: Wo Musik ihre Herkunft
aus dem Mythos zu erkennen gibt – und das gilt nicht zuletzt für
die »titanischen« Momente in Beethovens Sinfonik –, geht es niemals ohne ein Grauen ab, das dem Mythos generell eingeschrieben
ist. Zugleich kennt das Subjekt dieser Sinfonik immer neue Mittel,
um solchem Grauen seine eigene Zuversicht entgegenzusetzen.
Nicht allein das *Adagio* der *Neunten*, sondern bereits viele Episoden ihres Kopfsatzes zeugen davon.

Zugespitzt gesagt: Wo es um Machtgesten in Beethovens Sinfonik geht, muss man nicht unbedingt an Hans von Bülow denken, der die *Eroica* anlässlich einer von ihm dirigierten Aufführung dem eisernen Kanzler Bismarck widmen und die Maximen der französischen Revolution »Freiheit – Gleichheit – Brüderlichkeit« durch die Trias von »Infanterie, Cavallerie und Artillerie« ersetzt wissen wollte.[30] Man könnte sich auch an Carson McCullers' 1940 erschienenen Roman *Das Herz ist ein einsamer Jäger* erinnern – speziell an die Rolle, welche Beethovens 3. Sinfonie dort spielt: Die mit ›ihren‹ Südstaaten-Underdogs sympathisierende Autorin vermag die revolutionäre Devise von Freiheit, Gleichheit und Brüderlichkeit zwar nur als trauriges Beispiel einer gescheiterten Hoffnung ins Spiel zu bringen; jedoch erfindet sie in Gestalt von Mick Kelly eine Kind-Mädchen-Figur, welche die *Eroica* bei vollkommener Unwissenheit über den zeitgeschichtlichen Kontext und über den musiktheoretischen Horizont als *die* große Offenbarung hört. Eines Abends einsam durch die Straßen ihres Heimatstädtchens wandernd, wird sie zufällig mit *Eroica*-Klängen aus dem Radio konfrontiert: »Das war sie, Mick Kelly, wie sie tagsüber oder nachts mutterseelenallein herumging. In der heißen Sonne und in der Dunkelheit mit all ihren Plänen und Gefühlen. Diese Musik war sie – ganz einfach und richtig sie.«[31]

McCullers nennt das Leitmotiv ihres Romans »man's revolt against his own inner isolation and his urge to express himself as fully as possible«[32]. Mick revoltiert gegen Einsamkeit und Mangel an erfüllter Kommunikation auf ihre Weise: Ohne auch nur den Namen Beethovens zu kennen, nimmt sie via Musik an seiner habituellen Einsamkeit teil – aber auch an seiner Kraft, sie schaffend zu überwinden. Im ersten Satz der *Eroica* schlägt »ihr jede Note wie eine harte, geballte Faust gegen das Herz«. Den 2. Satz erlebt sie nicht als »traurig, aber so, als wäre die ganze Welt tot und schwarz und als hätte es keinen Sinn, daran zurückzudenken, wie's früher war«. Das Finale gibt sich demgegenüber »fröhlich

und so, als ob die größten Leute der Welt kühn und frei herum-
liefen«[33].

McCullers' autobiographisch getönter Roman steht damit für ein
Beethoven Paradigma besonderer Art: Hier geht es um eine Macht
der Gefühle, die nicht genderspezifisch zu verorten ist, sondern jeden anrührt, der sich anrühren lassen will.

Struktur – ein ebenso wichtiges wie überstrapaziertes Schlüsselwort zum Verständnis von Beethovens Sinfonik

Es wäre verfehlt, Beethoven wegen seines sinfonischen Pathos zu einem Revolutionskomponisten à la François-Joseph Gossec zu stempeln, so sehr er auch als Sinfoniker von dessen kompositorischer Verve beeindruckt gewesen sein mag: Wenn *Beethoven* ›in Revolution macht‹, so geschieht dies im Medium einer Musik, die für nichts weniger als für Eindimensionalität oder plakative Machtdemonstration steht. Die Monumentalität seiner Sinfonien ist lediglich Teilmoment einer kompositorischen Struktur, deren Komplexität alles Bisherige in den Schatten stellt: Ohne größere Übertreibung lässt sich behaupten, dass die emphatische Rede von musikalischer »Struktur«, die ja weit mehr intendiert als die pragmatische »Formenlehre«, überhaupt erst seit Beethoven wirklich aussagekräftig ist. Unter »Form« hatte das 18. Jahrhundert die Summe derjenigen Gestaltungselemente verstanden, die ein Komponist kennen muss, um ein Lied, eine Arie, eine Kantate, einen Tanz, eine Sonate, ein Konzert schreiben zu können. Nach zeitgenössischer Musiktheorie betraf »Form« allein das »mechanische« Moment der Komposition, das über die »innere Beschaffenheit«, die »Schönheit und Mannigfaltigkeit« eines Tonstücks noch nichts aussagte.[34]

Im Gegensatz dazu, so sieht es Theodor W. Adorno gemeinsam mit anderen Beethoven-Deutern, kennt Beethoven »keine Verdinglichung der Formen«[35]: Als Originalgenie rekurriert er nicht auf tradierte Formschemata, die es bloß produktiv auszufüllen gilt, versteht vielmehr jedes Werk als neue Schöpfung – und dies nicht nur in einem kompositionstechnischen, sondern zugleich in einem philosophischen Sinn. Wenngleich Ansätze zu einer solchen Haltung schon früher, insbesondere bei Mozart und Haydn zu finden sind, geht Beethoven an diesem Punkt wesentlich weiter. Funktionale Harmonik, traditionelle Metrik, Sonatensatzschema usw. werden zwar nicht außer Kraft gesetzt, verlieren aber ihre A-priori-Gültigkeit, das heißt: Sie müssen in jedem Werk ihr Daseinsrecht unter bestimmten Problemstellungen neu erwerben. Unter Verwendung traditionellen Materials wird Form als eine jeweils individuelle hergestellt. In diesem Sinne steht der Terminus »Struktur« gemäß seiner Definition durch die gegenwärtige Systemtheorie für die *Gesamtheit* eines Systems und die *Wechselwirkungen* seiner Elemente.

Kann sich der Hörer nicht in einem ihm geläufigen Formtypus einrichten, muss er sich vielmehr immer aufs Neue mit einer mehr oder weniger überraschenden Struktur auseinandersetzen, so ist er in Gefahr, nur noch die narrativen Momente der Musik wahrzunehmen. Dem arbeitet die »Besonnenheit« entgegen, mit der Beethoven nach E. T. A. Hoffmanns Deutung der 5. Sinfonie für den »inneren Zusammenhang« und die »Einheit« des Satzgefüges sorgt.[36] Die genannten Termini verwendet der romantische Dichter und Beethoven-Bewunderer in einer Würdigung von Beethovens *Fünfter*, um im gleichen Atemzug den apostrophierten Terminus »Structur« ins Spiel zu bringen. Bezüglich der *Fünften* geht Hoffmann etwa von der Beobachtung aus, dass das berühmte Klopfmotiv des Eingangs die Struktur des ganzen 1. Satzes bestimmt (und in unterschiedlichen Modifikationen auch in den nachfolgenden Sätzen sein Wesen treibt).

Das war damals in sinfonischer Musik etwas Neues; und mit seiner ›Entdeckung‹ betrat Hoffmann seinerseits *musikanalytisches* Neuland. Er hat dann Nachfolger gefunden, die auf dem Feld der motivisch-thematischen und harmonischen Analyse Erstaunliches geleistet und damit eine wichtige Dimension des Beethovenschen Schaffens immer detaillierter erschlossen haben. Im Grundsatz sind zwei Forschergenerationen zu unterscheiden. Die erste war be-

müht, ein Publikum, das Beethovens Musik vor allem »narrativ«
hörte, auch für deren strukturelle Geheimnisse zu begeistern. Dabei
waren sich im Verlauf des 20. Jahrhunderts so unterschiedliche Persönlichkeiten wie Heinrich Schenker, der seine vor allem in den
USA bis heute aktuellen Vorstellungen von »Urlinie« und »Ursatz«
nicht zuletzt am Beispiel Beethovens entwickelte, Walter Riezler
und Rudolph Réti in dem Bestreben einig, die Werke als organi-
schen Zusammenhang darzustellen.

Eine gegenwärtige Forschergeneration, für die exemplarisch Peter
Gülke steht, betont demgegenüber, dass durch die Komplexität von
Beethovens strukturellem Denken der kompositorische Prozess beständig mit sich selbst in Widersprüche gerät, die alsbald einer Lösung zugeführt werden, die neue Widersprüche auftut und so weiter.

Was damit gemeint ist, sei am Beispiel des 1. Satzes der *Eroica*
demonstriert. Eine Sinfonie baut sich traditionell auf der Basis ihres
thematischen Materials auf. Das Orchester der *Eroica* – obwohl gegenüber dem damals Üblichen nur um ein drittes Horn erweitert –
ist jedoch mit einer solchen Machtfülle im Blick auf dynamische
Steigerungen, Klangballungen, Darstellung von Klangflächen usw.
ausgestattet, dass die ›Themen‹ darin unterzugehen drohen. Hat
man das in den Blick bekommen, muss man jedoch feststellen, dass
›Themen‹ im Grunde gar nicht untergehen können, weil es sie im
traditionellen Sinn nicht gibt: Im 1. Satz existiert recht eigentlich
nur die Idee eines Hauptgedankens, der sich innerhalb des sinfonischen Prozesses jeweils neu materialisiert und aktualisiert. Doch
ausgerechnet gegen Ende der ›Durchführung‹, wenn in einer traditionellen Sinfonie schon alles gelaufen ist, erklingt nach dem Ver-
ebben der Klangwogen in Gestalt der e-Moll-Episode zum ersten
Mal ein ›Thema‹, das diesen Namen nach landläufiger Vorstellung
ernsthaft verdient. Und dieses Thema ist nicht einmal ›Resultat‹ der
vorausgegangenen motivischen Entwicklungen, sondern »das ganz
Neue« – aber nein: Nimmt man die Noten zur Hilfe, so stellt man
fest, dass es doch untergründig mit dem ›Alten‹ zusammenhängt.

Bereits hier wird deutlich, dass »Struktur« in Beethovens Musik nur dann intelligent untersucht werden kann, wenn nicht vorausgesetzt wird, was ›bewiesen‹ werden soll, nämlich die ›Organik‹ des Ganzen. *Wenn* man schon nach dem »Ganzen« im Sinne Hegels sucht, kann dieses immer nur als ein vielperspektivisches und in sich keineswegs widerspruchsfreies Gefüge betrachtet werden, dessen Einmaligkeit gerade in seiner nicht auszulotenden, der Struktur alles Lebendigen nachgebildeten Komplexität besteht. Einer auf immanente Stimmigkeit bedachten Strukturanalyse setzen zudem äußere »Störgrößen« Grenzen: Die von Beethoven verwendeten Strukturelemente sind kein ausdrucksloses Material, sondern von ständig fluktuierender Bedeutung; demgemäß ist der »Text« des musikalischen Satzes nur im »Kontext« weitreichender Anspielungen zu verstehen. Angesichts dieser Einsicht wirken Eduard Hanslicks Vorstellungen von den »tönend bewegten Formen« als einzigem »Inhalt der Musik« blass;[37] letztlich sind sie kaum mehr als eine Tautologie, die ihre Berechtigung allein darin hat, dass sie vorschnellen »außermusikalischen« Deutungen eine Absage erteilt. Auch im Fall des e-Moll-Themas greifen strukturelle und semantische Strategien ineinander; und es ist nicht abwegig, an die »höhere Stimme« zu denken, von der das Libretto des *Prometheus*-Balletts spricht.

Wer konsequent auf immanente Strukturanalyse setzt, gerät bei Beethoven alsbald in eine Sackgasse. Unter »Struktur« versteht die Systemtheorie, wie erwähnt, das Verhältnis der Gesamtheit eines Systems zu seinen Elementen. Was die »Struktur« von Beethovens Musik betrifft, so liegt das Faszinierende in einem spezifischen Widerspruch: Auf der einen Seite gibt es keinen zweiten Komponisten der klassisch-romantischen Ära, der eine ähnlich starke Energie bei dem Bestreben ausstrahlt, seine Werke gemäß dieses Strukturbegriffs auf höchstem Niveau und mit allem erdenklichen Risiko auszubalancieren. Nicht zuletzt vor dem Horizont des Beethovenschen Werks ist der Anspruch von Carl Dahlhaus, einem Strukturanalytiker

von hohen Graden, zu verstehen: »Analyse ist der niemals ganz ge-
lingende Versuch zu begreifen und zu demonstrieren, daß sämtliche
Teile eines Werkes sinnvoll auf das Ganze bezogen sind und daß ein
jeder in der Funktion aufgeht, die er erfüllt. Der Triumph der Analyse besteht in dem Nachweis, daß ein Werk, zumindest ein geglück-
tes, nicht anders sein kann als es ist. Wo ein Komponist *Möglichkeiten* sieht, realisierte neben unterdrückten, sucht der Analysierende
nach *Notwendigkeit*. Von Zufall oder Überschuß spricht er nur wi-
derstrebend.«[38]

Gerade die Musik Beethovens bietet immer neue Anreize, nach
der »Notwendigkeit« bestimmter kompositorischer Strategien zu
fragen und Antworten vorzustellen. Und sicherlich teilt man das
Vergnügen eines jeden klugen Analytikers, der Beethoven in einem
bestimmten, womöglich komplizierten Punkt auf die Schliche gekommen zu sein glaubt. Auf der anderen Seite erscheint schon die
bloße Intention, durch den Nachvollzug kompositorischer Details –
so charakteristisch diese auch sein mögen – dem strukturellen Denken Beethovens *generell* auf die Spur zu kommen, nicht nur hybrid,
sondern geradezu als Ausdruck eines institutionalisierten Wahns.

Es ist schon viel geleistet, wenn es gelingt, Beethovens kompositorische Eigenwilligkeiten – und gerade sie sind ja entscheidend für
den Kunsteindruck – mit den terminologischen Mitteln der Musiktheorie zutreffend zu *beschreiben*. Doch damit sind sie noch lange
nicht *erklärt* – und dies schon gar nicht im Blick auf das imaginäre
Ganze. Wer will Mutmaßungen darüber anstellen, was sich Beethoven bei der auffälligen Hornpassage in T. 96 des *Adagios* der *Neunten* gedacht hat? Welche Eiertänze muss man vollbringen, um auch
nur eine Vermutung über ihre »Notwendigkeit« für das Ganze äußern zu können? Man kann die agilen Bewegungen des Horns zwar
als Variante der an vergleichbarer Stelle stehenden Dreiklänge deuten; doch das besagt nichts über ihre auffällige Zeichenhaftigkeit.
Dasselbe gilt für die starke Betonung der Quinte im Trio der *Siebten*: Der Analytiker wird den Charme der Stelle darin erblicken, dass

Beethoven die Terz a des in F-Dur stehenden Scherzos zur Quinte des in D-Dur stehenden Trios umdeutet. Doch was hat es zu besagen, dass dieser Quintklang dem Trio nicht nur wie ein Bordun erhalten bleibt, sondern zum Schluss des Trios von den Trompeten in exponiertem Fortissimo in den Raum gestellt wird?

In beiden Fällen, denen viele Hunderte an die Seite gestellt werden könnten, geht es nicht um gezielte Abweichungen von der Norm, deren ›Witz‹ sofort eingeht: Dergleichen ist das Salz in der Suppe fast jeder originellen Komposition, berührt aber nicht ihre Substanz – ebenso wenig wie ein gekonnter rhetorischer Schlenker die Substanz einer Rede tangiert. Was die genannten Beispiele aus Beethovens Sinfonien betrifft, so geht es um einzelne *Zeichen*, die weder in extremer Weise aus dem Rahmen fallen noch von vornherein einleuchten. Sie stehen für die Besonderheit von Beethovens Komponieren, der zufolge die ›Teile‹ dem intendierten ›Ganzen‹ einen Widerstand entgegensetzen, der sich *nicht* ohne weiteres in ein imaginäres höheres Ganzes einbringen lässt, sondern auf seinem Sonderrecht beharrt. Das mag einem flüchtigen Hörer gelegentlich kaum auffallen; für ihn hält Beethoven jedoch krassere Beispiele bereit: In seinen Sinfonien gibt es zweimal an prominenter Stelle den Ton cis: Als zehnter Ton des *Eroica*-Themas reitet er dessen Es-Dur-Natur zu Schanden; als »Schreckensnote« in der *Achten* streckt er dem Hörer, wovon noch zu reden ist, gleichsam die Zunge heraus. Solche Stellen können kaum anders als vor semantischem Horizont gedeutet oder einer begriffslosen Philosophie in Tönen zugeordnet werden – womit noch einmal Hegel ins Spiel kommt.

Dieser hatte in jungen Jahren die Nachtseite der Vernunft kennengelernt – nämlich, mit seinen eigenen Worten, den Sturz des Ichs in die Nacht des »leeren Nichts« erlebt. Als »Nichts« bezeichnete er einen unerträglichen Zustand von Unbestimmtheit; allerdings lieferte ihm dieses Nichts »unendlich viele Vorstellungen, Bilder« im Sinne von bedrängenden »phantasmagorischen Vorstellungen«. In denen sei es – so Hegel in seiner *Jenenser Realphilosophie* von 1805/1806 – »rings um Nacht, hier schießt dann ein blutig Kopf, – dort eine andere weiße Gestalt plötzlich hervor, und verschwinden ebenso – Diese Nacht erblickt man, wenn man dem Menschen ins Auge blickt – in eine Nacht hinein, die *furchtbar* wird.«[39]

Man kann diese Assoziationen auf die Terreur-Phase der französischen Revolution oder auf Hegels Faszination durch das Shakespearesche Drama beziehen. Man mag auch mit Slavoj Žižek von traumatischen Urerfahrungen sprechen, denen mit keiner noch so geschliffenen Dialektik zu begegnen ist – Erfahrungen, die laut Hegels Äußerung gegenüber dem zur Schwermut neigenden Mediziner Windischmann jeder Mensch mache. Jedenfalls hat sich Hegel selbst »durch diese Enge [...] hindurchgezwängt«[40] und in eine Systemphilosophie gerettet, die von solchen »Hypochondrien«, wie er sie nennt, nichts mehr weiß, weil sie vor allem in begrifflichen Abstraktionen schwelgt.

Wer Beethoven von Hegel her verstehen will, muss zugleich auf die »Hypochondrien« des jungen Hegel *und* auf die Systemphilosophie des gestandenen Denkers blicken. Im Gegensatz zu Hegel ist Beethoven *nicht* aus seinen »Hypochondrien« auf eine vermeintlich höhere Entwicklungsstufe, nämlich in ein geschlossenes System geflüchtet, hat vielmehr die Quadratur des Kreises versucht – also das Kunststück, die ihn als Person bedrängenden »Hypochondrien«, »Vorstellungen« und »Bilder« in ein System einzubringen, das keine denkerische Geschlossenheit signalisiert, sondern seine eigene Bedrohung.

Keineswegs sollen Beethoven vor diesem Denkhorizont – in einschlägiger Tradition – pathologische Züge unterstellt werden, aus denen alsdann sein schöpferisches Genie abzuleiten wäre. Es geht vielmehr um die »Hypochondrien« eines *jeden* Menschen, also um Erfahrungen eines Außer-Sich-Seins, das sowohl den Alltag als auch die höchsten Gedankenflüge von uns allen mitbestimmt: Sensationell ist nicht das Phänomen als solches, sondern Beethovens Kunst, es in sein Schaffen einzubringen. Letzteres geschieht fraglos absichtsvoll, wenngleich in vielen Fällen offen bleibt, ob sich eine kompositorische Einzel- oder Gesamtstrategie auf Grund eines rationalen Kalküls durchgesetzt hat oder als Ergebnis einer kreativen Situation zu betrachten ist, welche die Unterscheidung von wohldurchdachtem und intuitivem Handeln nicht zuließ.

Der Analytiker mag sich jedenfalls respektvoll an einen Passus aus Wolfgang Menzels enzyklopädischem Artikel *Ästhetik* halten, den sich Robert Schumann im Lauf der Jahre gleich zweimal abschrieb: »Es verhält sich mit der Aufgabe der Aesthetik nicht viel besser als mit der Quadratur des Zirkels. Zwischen Theorie und Praxis, Regel und Beispiel, Gesetz und Freiheit bleibt immer ein unendlicher Bruch uebrig und vielleicht ist eben dieser Bruch mehr werth, als das Ganze.«[41] Ohne generell der Romantik nahezustehen, vertrat Menzel damit genuin romantische Positionen im Sinne Jean Pauls, wie sie wache Zeitgenossen allenthalben im Werk Beethovens zu finden meinten.

Jean Pauls »Bocksfuß« – Paradigma des »romantischen« Beethoven

Musikgeschichtlich gesehen, macht es wenig Sinn, Beethoven zum Klassiker zu stempeln: Erst nach seinem Tod wurde der Terminus einer »Wiener Klassik« prägend für die Trias Haydn – Mozart – Beethoven. Zu seinen Lebzeiten wurde Beethoven, sofern man überhaupt in diesen Kategorien dachte, vor allem als Romantiker begriffen und ganz konkret als »Jean Paul der Musik« bezeichnet.[42] Der Dichter Ernst Wagner spricht in Goethes Lieblingszeitung, dem *Cottaschen Morgenblatt,* am 9. Juli 1807 angesichts der *Eroica* und im Blick auf »seltsame und romantische« Wendungen in diesem Werk von einem »unverkennbaren Annähern zum Humoristischen« im Sinne Jean Pauls. Vier Jahre später stellt der Komponist und Musikschriftsteller Gottfried Weber im Blick auf *Eroica* und *Pastorale* Begriffe wie »Haydnscher Humor«, »Beethovensche Bizarrerie« und »Jean Paulscher Bocksfuß« unmittelbar nebeneinander,[43] wobei der »Bocksfuß« als ein Attribut des Satyrs verstanden werden sollte, als der sich Jean Paul in seiner Rolle als Satiriker selbst betrachtete.

Gemeinsamkeiten Beethovens mit Jean Paul sehen diese Zeitgenossen vor dem Hintergrund einer Schaffensweise, die dem Phantastischen und damit Regelwidrigen Raum gibt, die hohen mit niederem Stil mischt, mit Anspielungen und Auslassungen arbeitet und den überraschenden Wechsel extremer Gefühlslagen liebt. Sie verstehen dies als Ausdruck romantischen Humors, der mit einer Welt fertigzuwerden versucht, die voller Widersprüche, ja geradezu »absurd« ist,[44] um eine Beethoven in den Mund gelegte Formulierung aus den sogenannten Bettina-Briefen aufzugreifen.

Ob der zeitgenössische Vergleich Beethovens mit Jean Paul
freundlich oder kritisch gemeint ist – in jedem Fall konfrontiert er
Beethovens Musik mit der herrschenden klassizistischen Ästhetik,
der zufolge die Kunst dem Leben vorzugeben hat, wie es sein sollte:
geordnet, sinnerfüllt, dem Höheren zugewandt. Zudem wird ab
1800 geradezu zum Dogma, »dass sich der Gehalt eines Kunstwerks frei von allegorischer Sinnvermittlung formal anschaulich zu
vermitteln habe«; der künstlerische Ausdruck ist nicht mehr Mittel
zum Zweck, sondern »Offenbarung« des Genies.[45]

So verfehlt es wäre, der Sinfonik Beethovens die hier skizzierten
idealistischen Züge gänzlich abzusprechen, so sinnvoll ist es, *auch* den
Jean Paul in Beethoven wahrzunehmen. Wer sich dabei an Jean Pauls
Skurrilitäten stößt, möge Beethoven vorab mit den romantischen
Malern Philipp Otto Runge und Caspar David Friedrich vergleichen:
Auch sie wehren sich gegen das oben skizzierte klassizistische Kunst-
verständnis, in dem sie »eine Lücke« erspüren, nämlich einen Verlust
an Bedeutung; beide wollen »den Bildern wieder zu einer neuen, subjektiv motivierten allegorischen Bildsprache« verhelfen.[46]

Zwar lassen es die ästhetischen Bedingungen des Mediums Musik nicht zu, von einer »allegorischen Bildsprache« in spezifisch ma-
lerischem Sinn zu sprechen. Indessen verrät Beethovens Statement
angesichts seiner *Pastorale*, »mehr Ausdruck der Empfindungen als
Malerei«, dass er das malerische Moment solange nicht verpönt, wie
es von subjektiver Empfindung durchtränkt ist.

Ob man nun von »Malerei«, »Allegorie«, »Metaphorik« oder
»Humor« sprechen will – in Beethovens Kompositionen geht es dabei stets um das Gleiche, nämlich um die Befreiung vom klassizistischen Ideal, dem zufolge die Form über dem Inhalt steht. Der Verzicht auf dieses Ideal macht den Weg frei für die Mitteilung
spezifischer Inhalte, die zwar durch die Struktur gedeckt sind, diese
jedoch auf eine Weise aufbrechen, die den Hörern zu signalisieren
vermag: Aufgemerkt – hier geht es um unverwechselbare, den kon-
ventionellen Rahmen sprengende Botschaften.

Deren Existenz haben manche Zeitgenossen durchaus wahrgenommen; und der Braunschweiger Musikphilosoph, Literat und
Schumann-Freund Wolfgang Robert Griepenkerl hat es in seiner bereits zitierten Novelle *Das Musikfest und die Beethovener* am Beispiel
der *Eroica* demonstriert: Die Musiker geraten während der Proben
des Werks ob dessen Neuheit zunehmend in einen Rausch: An einer
besonders aufregenden Stelle des 1. Satzes (Buchstaben H und I, T.
248ff., kurz vor dem Eintritt des e-Moll-Themas) ziehen die tiefen
Streicher unter Führung des Kontrabassisten Hitzig »von ihrer A
Saite ein so ungeheures H herunter, während die zweiten Geigen
mit der None trotzten, daß das ganze Auditorium mitten hinein in
diesen Riß durch die Rechnung eines Jahrhunderts ein brausendes
Hurrah schrie [...] dies war Pindar, der dithyrambisch stürmende
Pindar des neunzehnten Jahrhunderts«[47]. Innerhalb des archaischen
Taumels, der weitere Proben kennzeichnet, verletzt sich Hitzig
durch gewalttätiges Spiel an seinem Instrument und wird über der
Begeisterung, die Apollo und Bacchus ihm einflößen, wahnsinnig:
Das Musikfest muss abgebrochen werden. Griepenkerl ist nicht nur
Novellist, sondern auch Musiker, der sich mit Partituren auskennt;
deshalb kann er die Stellen, die konkrete Vorstellungen in ihm auslö-
sen, im Detail bezeichnen und dadurch den Verdacht, er würde nur
unspezifisch schwärmen, von vornherein entkräften.

Im Modus einer literarischen Groteske demonstriert die Novelle,
dass sich die *Eroica* für die ausführenden Musiker, obwohl sie etwas
von »Struktur« verstehen, als *nicht beherrschbar* erweist. Vielmehr
sorgen die herben Dissonanzen, die dem e-Moll-Thema des 1. Satzes unmittelbar vorausgehen, für existenzielle Aufregung. Natürlich
kann man der ganzen Szene – der Häufung der Dissonanzen und
ihrer Auflösung in die rettende e-Moll-›Botschaft‹ – kompositionstechnisch zu Leibe rücken und darzulegen versuchen, wie gekonnt
Beethoven sie bei aller Exzentrik in das Satzganze eingebettet habe.
Man mag – wie oben geschehen – darauf hinweisen, dass das e-Moll
von der Ausgangstonart Es-Dur einerseits meilenwert entfernt sei,

andererseits mit ihr die Terz g teile usw. Und doch weiß man als Hörer der *Eroica* nicht, wie einem geschieht. Der Vorgang reicht in Tiefen menschlicher Erfahrung, um diese zugleich zu transzendieren, erweist sich also als unverfügbar.

Die metaphorische Redeweise, der sich Griepenkerl bedient, will sich keineswegs an die Stelle der bisherigen, rational-beschreibenden musikalischen Poetologie setzen, also die fachliche Erklärung der »Regeln« eines Kunstwerks durch Mutmaßungen darüber ersetzen, was der Künstler habe ausdrücken wollen. Vielmehr stellen die Metaphern einen schwachen Versuch dar, dem »Wahrnehmungsschock« zu begegnen, den die Musik beim Hörer ausgelöst hat. Der drastische Ausdruck »Wahrnehmungsschock« ist Umberto Ecos Buch *Die Grenzen der Interpretation* entnommen[48], wo er – im Anschluss an Sandro Briosi – zur Erklärung der rhetorischen Figur »Metapher« dient: Mit deren Hilfe versuche ein Autor, mit einschneidenden Erfahrungen fertigzuwerden, über die er sich anders gar nicht äußern könnte.

Speziell an der *Eroica*-Deutung Griepenkerls wird manchen Leser angenehm berühren, dass die von den Klängen der Sinfonie ausgelösten Schocks nicht im Sinne von Programmmusik gedeutet, sondern allein als Ausbruch eines auf den Zeitgeist reagierenden Künstler-Individuums gefeiert werden. Das wird jedenfalls dem Allgemeinheitsanspruch gerecht, den Beethovens Sinfonik erhebt – *auch*, jedoch sicherlich nicht *nur*: Es gibt genug Gründe, nicht nur in der Malerei, sondern auch in dieser Sinfonik von einer »allegorischen Bildsprache« zu reden. Ähnlich wie Eugène Delacroix seinem bekannten Gemälde von 1830 den Titel *Die Freiheit führt das Volk* gegeben hat, wollte Beethoven seine 3. Sinfonie, wie erwähnt, ursprünglich »Bonaparte« nennen. Wenngleich im Druck nur die Bezeichnung *Sinfonia Eroica* und die Beischrift »Composta per festeggiare il sovvenire di un grand Uomo« zu finden sind, steht doch außer Frage, dass Beethoven bei seiner Komposition – wie konkret und abstrakt auch immer – ein Heldenbild vor Augen hatte; und dass die »große Erzählung« der Sinfonie den interessierten Hörer einlädt, sich mit diesem Heldenbild auseinanderzusetzen. Ähnliches gilt für die übrigen Sinfonien, die – einmal mehr, einmal weniger – dazu anregen, nach spezifischen Botschaften zu fragen. Als jeweilige Ausgangspunkte können bestimmte musikalische Topoi dienen, die mehr oder weniger auffällig aus dem Gesamtgefüge herausstechen – etwa das Klopfmotiv der *Fünften* oder der furiose Wirbel, den Beethoven im Finale der *Siebten* veranstaltet.

Es geht dabei nicht darum, ohne Wenn und Aber nach verborgenen Programmen zu fahnden: Wo es sie – über die *Pastorale* hinaus – geben sollte, hat Beethoven sie ganz bewusst für sich behalten, weil er es seiner Kunst schuldig zu sein meinte, allein aus Tönen verstanden und nicht der musikalischen Malerei geziehen zu werden. Er wollte keine Hörer, die seine Musik vor allem als Programmmusik wahrgenommen und deshalb vor allem nach einem diesbezüglichen Wiedererkennungswert beurteilt hätten. Alles sollte sein persönlicher Ausdruck sein – und zugleich Ausdruck großer Ideen.

Wenngleich er somit zum Ideengehalt seiner Sinfonien weitgehend schwieg, hatte er augenscheinlich nichts dagegen, dass seine Hörer sich mit diesem Thema beschäftigten und womöglich nach »bestimmten Vorstellungen« Ausschau hielten, wie dies Adolf Bernhard Marx in seinem 1824 erschienenen Essay *Etwas über die Symphonie und Beethovens Leistungen in diesem Fach* tat.[49] Dass Marx dort unter anderem *Eroica*, *Fünfte* und *Siebte* unter erklärt programmatischen Gesichtspunkten behandelt, ist deshalb von besonderem Belang, weil Beethoven in einem Brief vom 19. Juli 1825 die »Producte des geistreichen Herrn Marx« in dieser ihm zugesandten *Berliner Allgemeinen Musikalischen Zeitung* mit dem Bemerken rühmt: »ich wünschte, daß er stets fortfahre, das Höhere u. Wahre im Gebiethe der Kunst immer mehr u. mehr aufzudecken; dieß dürfte das Silbenzählen wohl nach u. nach in Abnahme bringen.«[50] Zwar ist nicht mit letzter Sicherheit zu erweisen, dass sich Beethovens Lob vor allem auf diesen Essay bezieht; sollten jedoch auch andere Beiträge von Marx gemeint sein, so würde dies nichts an dem Sachverhalt ändern, dass Beethoven an Beiträgen von Marx Gefallen fand, die aus der Beschreibung kompositorischer Sachverhalte programmatische Schlüsse zogen.

Wenn der in Marx' Essay mit seiner Besprechung der *Fünften* erwähnte E. T. A. Hoffmann in seinen *Gedanken über den hohen Werth der Musik* diese eine »geheimnißvolle, in Tönen ausgesprochene Sanscritta der Natur« nennt,[51] so lässt sich dies trefflich auf Beethovens Sinfonik anwenden: Der Hörer soll sie ›lesen‹, wie seine Vorfahren die Zeichen am Himmel ›gelesen‹ haben. Die Gestirne am Himmel erklärten den Wechsel von Ebbe und Flut nicht *verbal*; wer jedoch mit ihrem Gang vertraut war, wusste, woran er sich halten konnte. Im Sinne von E. T. A. Hoffmanns Metaphorik ist Beethoven ein moderner Weltschöpfer, der seinerseits Zeichen am Kunsthimmel anbringt.

Diese lassen sich gleichfalls nicht ohne weiteres in Worte übersetzen, wirken aber *für sich*. Hörer, welche die jahrhunderte-, wenn nicht jahrtausendealte Semantik musikalischen Ausdrucks zu deuten gelernt haben, werden einen Sinn in diesen Zeichen erspüren, auch wenn es ihnen Beethoven schwerer macht, als es die Generationen zuvor hatten: Diese konnten sich weitgehend an den Bedeutungshorizont des zur Musik vollzogenen Rituals oder des jeweils gesungenen Textes halten. Demgegenüber sind die Hörer sinfonischer Musik ganz auf sich gestellt, wenn es darum geht, die »in Tönen ausgesprochene Sanscritta der Natur« zu entziffern.

Dass der Rhythmus eines Klopfmotivs nach Art des Beginns der *Fünften* ›Erschrecken‹ signalisierte, war den Hörern von Vokalmusik bisher durch den entsprechenden Text nahegelegt worden: So erscheint dieses rhythmische Motiv in Johann Sebastian Bachs *Weihnachtsoratorium* zu der Aufforderung des Rezitators, sich nicht erschrecken zu lassen. Bei Beethovens wortloser Instrumentalmusik darf einerseits jeder Hörer assoziieren oder auch nicht assoziieren, was er will – das ist dem Geist der Aufklärung und speziell dem

Ethos der sogenannten ›absoluten‹ Musik geschuldet. Andererseits hat Beethovens Musik wie fast alle Musik Bedeutungen, die anthropologisch und geschichtlich vorgegeben sind: Dass zum Beispiel eine Folge heftig erregter Schläge nach Art des besagten Klopfmotivs mit der Assoziation ›Gefahr‹ verbunden sein kann, ist eine Erfahrung, die zunächst einmal nichts mit Musik zu tun hat, jedoch von der Kunstmusik der frühen Neuzeit gern aufgenommen worden ist – etwa in Gestalt des vor allem von Claudio Monteverdi kreierten *stile concitato.*

Man sollte diese anthropologischen Konstanten und geschichtlich gewachsenen Prägungen von Musik im Schaffen Beethovens weder ignorieren noch überbewerten: Einerseits wäre Beethovens Musik ohne den Rekurs auf diese Basis geradezu unverständlich; andererseits gewinnt sie Sinnhaftigkeit, Bedeutung und Ethos dadurch, dass der Komponist mit der vorgegebenen Musiksprache als *freier Künstler* schaltet und waltet. Der Hörer, der ihm als ein Pendant dieses freien Künstlers gegenübersteht, ist seinerseits gefordert, Sinnhaftigkeit, Bedeutung und Ethos der Musik auf *seine* Weise zu generieren, sich also nicht nach möglichen »Programmen« zu richten, denen sich Beethoven bewusst verweigert. Was in der Musik geschieht, muss zwischen Komponist und Hörer immer neu verhandelt werden.

Letzteres gilt auch für die »Struktur« der Musik: Nur scheinbar ist sie durch das Notenbild ein für alle Mal fixiert. Hier greift der Terminus »Parallaxe«. Damit bezeichnet die Naturwissenschaft die *scheinbare* Positionsveränderung eines Objekts infolge einer Positionsänderung des Betrachters. Die *Philosophie* weist demgegenüber darauf hin, dass die beobachtete Differenz nicht bloß subjektiv ist, weil sich das fixierte Objekt seinerseits verändert, wenn man es aus einer anderen Perspektive sieht.[52] Wer musikalische Strukturen flexibel analysiert, wird demgemäß feststellen, dass sich ein Phänomen je nach Perspektive auch *objektiv* in unterschiedlichen Facetten darstellt. In diesem Sinne lebt der Rezeptionsprozess, den ein Werk im

Laufe seiner Geschichte durchmacht, von der Wechselwirkung zwischen Struktur und Gehalt: Veränderte Blicke auf die Struktur können neue Gehalte offenlegen, neues Nachdenken über den Gehalt kann zu tieferen Einsichten in die Struktur führen – eine Dynamik, die für Lebendigkeit und Aktualität des Musikwerks bürgt.

Neun Sinfonien – neun Wege zum Ideenkunstwerk

Die Musik des 18. Jahrhunderts gab »großen Ideen« vor allem auf dem Weg über die jeweils vertonten Texte Raum: Das gilt für Opern und Oratorien ebenso wie für Kirchenkantaten und weltliche Huldigungsmusiken. Größer besetzte Instrumentalmusik diente weitgehend repräsentativen oder geselligen Zwecken; Klavier- und Kammermusik war vor allem für häusliches Musizieren bestimmt und erfüllte schon ihren Sinn, wenn die Ausführenden selbst ihre Freude daran hatten. Dass man die Gattung der großen Sinfonie als Ideenträgerin ausmachen zu können glaubte, ist eine Errungenschaft erst des späten 18. Jahrhunderts. So heißt es in Johann Georg Sulzers *Allgemeiner Theorie der Schönen Künste* in der 2. Auflage von 1794 unter dem Stichwort »Symphonie«: »Die Symphonie ist zu dem Ausdruk des Großen, des Feyerlichen und Erhabenen vorzüglich geschikt«. Und speziell vom »Allegro in der Symphonie« wird gesagt: es sei, »was eine pindarische Ode in der Poesie ist; es erhebt und erschüttert, wie diese, die Seele des Zuhörers, und erfodert denselben Geist, dieselbe erhabene Einbildungskraft, und dieselbe Kunstwissenschaft, um darin glüklich zu seyn.«[53]

Verständlich werden solche emphatischen Äußerungen angesichts der Vorstellung, die Gattung der Sinfonie eigne sich als Medium einer neu zu schaffenden Kunstreligion. Eine solche scheint damals vor allem gebildeten Kreisen vonnöten, da in ihren Augen der alte Kirchenglaube obsolet geworden ist: Zwar ist »Religion« als letzter Versicherungsgrund sowohl des Menschen als auch der Kunst weiterhin unverzichtbar, jedoch gilt es, sie neu zu denken. Dem entspricht unter anderem die Forderung nach einer »neuen Mythologie«, welche das auf Hegel, Schelling und Hölderlin zurückgehende sogenannte »älteste Systemprogramm des deutschen Idealismus« aufstellt. Dass diese »neue Mythologie« vor allem ein ästhetisches Programm ist, belegen die Schriften der frühromantischen Philosophen und Dichter zur Genüge. Speziell werben sie in diesem Kontext für das Kunstmittel der Sinfonie.

Die Gattung der Sinfonie hat gegenüber anderen möglichen Medien der neuen Kunstreligion entscheidende Vorteile: Zum einen spricht aus dem hohen Stil, der ihr angemessen ist, der Gestus der Erhabenheit; zum Zweiten richtet sie sich an eine größere Menge, die man als »Volk« oder »Öffentlichkeit« definieren könnte. Zum Dritten ist sie als wortlose Kunst geeignet, dem aufgeklärten und dogmenfeindlichen Kunst-»Gläubigen« keine konkreten Inhalte vorzugeben, ihn vielmehr seiner eigenen Gefühle innewerden zu lassen.

Das korrespondiert mit den Anschauungen des einflussreichen Theologen Friedrich Schleiermacher, der in seinen *Reden über die Religion* von 1799 »Anschauung und Gefühl« als das »Wesen der Religion« betrachtet und ihren »Sinn und Geschmack fürs Unendliche« hervorhebt. Um die gleiche Zeit arbeitet Ludwig Tieck in seinem Essay *Symphonien* die Doppelgesichtigkeit der Gattung heraus: Sinfonien sind einerseits autonome Gebilde; andererseits »schwimmen in den Tönen oft so individuell=anschauliche Bilder, so daß uns diese Kunst, möcht' ich sagen, durch Auge und Ohr zu gleicher Zeit gefangen nimmt.«[54]

Die Theorien über die Gattung der Sinfonie als Medium der Kunstreligion stammen zwar vor allem aus dem protestantischen Norddeutschland. Das schließt jedoch nicht aus, dass der 1770 in Bonn geborene und seit 1792 in Wien lebende Beethoven gleichfalls von ihnen durchdrungen ist, jedenfalls in der Gattung der Sinfonie nach und nach ein wichtiges Medium für Ideenkunstwerke entdeckt – für Werke also, die seinen schon zitierten künstlerischen Vorstellungen entsprechen, gemäß derer er von Anfang an »ganz für das Große und Erhabene« ist. Auch darin hat er Vorbilder –

etwa im Mozart der *Jupiter*-Sinfonie; jedoch gibt er allem eine neue Qualität.

Seine Sinfonien stehen für den Anspruch, die Welt mit den Mitteln der Kunst noch einmal zu erschaffen. Doch als Komponist ist er kein Schöpfergott, der seine Welt ein für alle Mal schafft – sonst gäbe es ja auch nur *eine* Beethoven-Sinfonie und nicht *neun*! Nein – Beethoven nähert sich seinem Thema ›Die Welt noch einmal‹ in immer neuen Anläufen. Noch im Jahr 1819, als er in sein Spätwerk eintritt, propagiert er, wie erwähnt, den Fortschritt: »Freyheit, weiter gehn ist in der Kunstwelt, wie in der ganzen großen schöpfung, zweck«.[55]

Doch das sagt sich so einfach – *Freiheit, Weitergehn!* Beethovens große Vorgänger Bach und Mozart haben sich schwerlich als rückständig erlebt, jedoch solch große Worte nicht in den Mund genommen. Da muss schon einer kommen, der sich – leicht verspätet, wie es dem Musiker gelegentlich anzustehen scheint – dem Geniezeitalter zugehörig fühlt; der es mit dem Lichtbringer *Prometheus* hält; der als Tonkünstler Schlachten schlagen möchte, die dem Eroberer *Napoleon* zur Ehre gereichen könnten.

Also kein Schöpfergott, dem ein einziger weiser Plan genügt, um die Welt in Gang zu setzen; aber auch nicht der Erfinder des Urknalls, aus dem sich alles weitere binnen vier Milliarden Jahren ganz selbstverständlich zu ergeben hat. Vielmehr ›nur‹ ein Genie, das beständig auf der Suche ist – einer Suche, an der er seine Hörer nicht nur teilhaben lässt, bei der sie vielmehr mitzittern sollen.

»FREYHEIT, WEITER GEHN IST IN DER KUNSTWELT ZWECK«

PROLOG ZU DEN EINZELBESPRECHUNGEN

Das Universum von Beethovens Sinfonik ist zu reichhaltig, als dass es in knappen Einzelbesprechungen ausgemessen werden könnte. Im Folgenden kommen – in sehr lückenhafter Auswahl – einige der Phänomene zur Sprache, die man bei einer Betrachtung der einzelnen Werke generell im Blick haben sollte.

Von müßigen Spekulationen

C-Dur, D-Dur, Es-Dur – so lauten die Grundtonarten der ersten drei Sinfonien. Warum geht es – entgegen dem Gesetz der Tonleiter – mit B-Dur weiter, und warum gibt es kein G-Dur, dafür aber zweimal F-Dur und jeweils C-Dur und c-Moll, bzw. D-Dur und d-Moll? Denen zuliebe, die in der Musik nach der allumfassenden Weltformel suchen, müsste man die *Achte* einen Ton höher, also nach G-Dur transponieren. Überglücklich wären spekulative Köpfe natürlich, wenn Beethoven das Werk gleich selbst in G-Dur geschrieben hätte. Doch diesen Gefallen tut er uns nicht: Ordnung um der Ordnung willen sucht man bei ihm vergebens. Besser kennzeichnet ihn ein Wort, das Nietzsches Zarathustra dem Volk entgegenschleudert: »Wehe! Es kommt die Zeit, wo der Mensch nicht mehr den Pfeil seiner Sehnsucht über den Menschen hinaus wirft, und die Sehne seines Bogens verlernt hat, zu schwirren! Ich sage euch: man muß noch Chaos in sich haben, um einen tanzenden Stern gebären zu können.«[56]

Von gedankenschweren Prologen zu losgelassenen Finali

Losgelassene Finali komponierten schon Haydn und Mozart in Hülle und Fülle: Als die sprichwörtlichen Rausschmeißer waren solche sinfonischen Schlusssätze darauf bedacht, das Publikum in heiterer Stimmung zu entlassen und darüber hinaus zu animieren, bald wieder vorbeizuschauen. So einfach macht es uns Beethoven nicht: Da muss man sich die finale Befriedigung gründlich verdienen, indem man dem Komponisten vier Sätze lang durch Dick und Dünn folgt – eben vom gedankenschweren Prolog bis zum losgelassenen Finale.

Um die Wende zum 19. Jahrhunderts wollte der Philosoph Friedrich Schlegel musikalische Organisationsprinzipien auf den »philosophischen Roman« angewandt wissen.[57] Einen solchen hat er dann unter dem Titel *Lucinde* selbst geschrieben; und der imaginären »Seele« seines Romans wird ein gerüttelt Maß an philosophischer Anstrengung abverlangt, ehe sie im Zuge des Schlusskapitels am »leichten Tanz des Lebens« teilnehmen darf.[58]

Schlegel konnte damals Beethovens Sinfonien noch nicht kennen. Gleichwohl urteilte er in den *Athenäums-Fragmenten* geradezu hellseherisch: »Es pflegt manchmal seltsam und lächerlich aufzufallen, wenn die Musiker von den Gedanken in ihren Kompositionen reden; und oft mag es auch so geschehen, daß man wahrnimmt, sie haben mehr Gedanken *in* ihrer Musik als *über* dieselbe. [... Doch] muß die reine Instrumentalmusik sich nicht selbst einen Text schaffen? Und wird das Thema in ihr nicht so entwickelt, bestätigt, variiert und konstatiert, wie der Gegenstand der Meditation in einer philosophischen Ideenreihe?«[59]

Gerade der Sinfoniker Beethoven bestätigt Schlegels Vorstellung, dass ein Komponist sein »Thema« nicht nur *in* seiner Musik entwickelt, sondern – in dialektischer Verschränkung – auch *über* das Einzelwerk hinaus: In einigen Sinfonien Beethovens ist das übergeordnete Prinzip ›Vom Problem zur Lösung‹ mit Händen zu greifen. Eine deutliche Ausnahme bildet die *Pastorale*: Dort verströmt sich Natur von Anfang bis Ende. Doch auch *Eroica*, *Achte* und *Neunte* fügen sich diesem Denkschema nur bedingt: Das Finale der *Eroica* ist semantisch so verrätselt, dass man es trotz aller Verve nur sehr bedingt als ›losgelassen‹ bezeichnen möchte. Die *Achte* hat zwar ein hemmungslos wildes Finale, jedoch fehlt der gedankenschwere Prolog. Den wiederum hat die *Neunte* in Gestalt des Kopfsatzes; jedoch ist das Chorfinale in sich widersprüchlich: Einerseits zeigt es eindrucksvolle Momente von Befreiung aus der Zwangsjacke namens ›klassische Instrumentalsinfonie‹, andererseits pendelt es zwischen ›freien‹ und fast zwanghaft ›strengen‹ Partien, sodass nur die in Worten ausgesprochene Idee der Menschheitsverbrüderung das Moment des Aufatmens rein verkörpert. Zugespitzt gesagt: Beethovens »Unvollendete« ist seine *Neunte*: Als Komponist einer ›zünftigen‹ viersätzigen Sinfonie ist er gleichsam am Ende; er kann das Werk nur mit einem Vokalfinale krönen, zu dem er sich verbal Mut machen muss: »Nicht, Freunde, diese Töne« ...

Auf seine übrigen fünf Sinfonien lässt sich die Vorstellung ›Vom Problem zur Lösung‹ jedoch mühelos anwenden – nicht schematisch, sondern im Sinne eines Gedankenspiels, das jeder Hörer für sich spielen mag und das keine mathematisch exakten Lösungen kennt. Hier einige Vorschläge, die vorab den Blick auf das lenken sollen, was in den folgenden Kapiteln näher ausgeführt wird. In der *Ersten*, der *Zweiten* und der *Vierten* geht Beethoven das Thema vor allem immanent-musikalisch an: Man muss da nicht lange fragen, was der Weg von der mehr oder weniger gedankenschweren langsamen Einleitung bis zum durchwegs heiteren Finale zu bedeuten hat – man kann ihn vielmehr als rhetorisch ohne weiteres einleuchtend betrachten und zudem daran denken, dass er in älterer Sinfonik deutlich vorgezeichnet ist.

Geht der von Peter Gülke formulierte Anspruch Beethovens, »vom Einzelnen ins Ganze zu denken« und »über das spezifisch Musikalische hinauszugreifen« jedoch schon in diesen drei Sinfonien über das gelegentlich bei Haydn und Mozart Anzutreffende hinaus,[60] so gilt dies noch mehr für die *Fünfte*, die offensichtlich eine »philosophische Ideenreihe« im Sinne Schlegels bildet: Ihr Eingangsmotto, nämlich das berühmte Klopfmotiv, bildet nicht nur innermusikalisch, sondern auch im poetisch-dramatischen Sinn den Ausgangspunkt für einen kompositorischen Prozess, der in Düsternis beginnt und – nach mehreren Zwischenstationen – im hellsten Licht endet. Als ›losgelassen‹ per excellence stellt sich schließlich das Finale der *Siebten* dar; und auch hier ist eine das Rein-Musikalische überschreitende Gedankenreihe vom einleitenden *Poco sostenuto* bis zum geradezu enthemmten *Allegro con brio* zumindest gut vorstellbar.

Von elementarischen Anfängen

Gibt es das in der Musikgeschichte vor Beethoven – dass eine Sinfonie nicht mit einem zünftigen ›Thema‹ beginnt, sondern mit einem exterritorialen Motto, wie es zweimal am Anfang der *Fünften* erklingt? Es ist, als hätten Komponist und Hörer angesichts eines eindrücklichen Bildes, einer imposanten Architektur oder eines verwitterten Grabsteins ein Déjà-vu-Erlebnis, das nunmehr im Verlauf des weiteren musikalischen Geschehens verarbeitet werden muss. Auf derlei Formgestaltung muss man erst einmal kommen, eine solche Kühnheit erst einmal wagen! Auch die gleichzeitig mit der *Fünften* entstandene *Pastorale* beginnt mit einem exterritorialen Motto. Dessen Erklingen lässt sich seinerseits als Déjà-vu-Erlebnis deuten; doch diesmal geht es entspannt zu: Es genügt, sich des Duftes der

Landluft zu erinnern – wie Marcel Prousts Ich-Erzähler sich in der *Recherche du temps perdu* beim Genuss eines Madeleine-Gebäcks zu Lindenblütentee einer Urszene erinnert, die ihm das Tor zu seiner Kindheit aufschließt.

Von archetypischen Bildern

Bemerkenswerte Déjà-vu-Erlebnisse betreffen nicht nur einzelne elementarische Anfänge, sondern auch ganze Sätze: Mit dem *Adagio assai* der *Eroica*, dem *Andante molto moto* der *Pastorale* oder dem *Allegretto* der *Siebten* beschwört Beethoven zwar auch *allgemein* das Genre des Trauermarsches, einer »Szene am Bach« oder eines freudig bewegten Wallfahrtgesanges; darüber hinaus vermag seine Musik jedoch Situationen vorzustellen, die durch ihre Detailgenauigkeit einen Hauch von Einmaligkeit suggerieren. Die Hörer werden weniger zum Mitschwingen in gängigen Stimmungen eingeladen als mit klar konturierten Erscheinungen konfrontiert, die sie in dieser Konkretion mit dem inneren Auge schon einmal geschaut zu haben meinen – ohne freilich eine Vorstellung davon zu haben, wo oder wie dies geschehen sein könnte: Beethovens Musik vermag Bilder aufzurufen, die im Unbewussten vorgezeichnet, jedoch nur via Musik ins Bewusstsein zu heben sind.

Man kann das von fern als szenisches oder plastisches Komponieren bezeichnen und in diesem Kontext an Bert Brecht erinnern, der am ersten Rezitativ aus Bachs *Johannespassion* – »Jesus ging mit seinen Jüngern über den Bach Kidron« – rühmte: »Die Lokalität des Bachs wird genau bezeichnet«[61]. Das ist nicht buchstäblich gemeint, will vielmehr besagen, dass Bachs Rezitativ durch seine Plastizität die erzählte Situation zu einem unmittelbaren Erlebnis macht. Ähnliches lässt sich von den genannten Sätzen aus Beethovens Sinfonien sagen: Über die Darstellung eines vagen Gefühls hinaus wird vom Komponisten eine spezielle Botschaft plastisch herausgearbeitet – als wollte er den Hörern mitteilen, das sei *sein* Trauermarsch, *seine* Szene am Bach mit Wellengeplätscher und Vogelgesang oder *seine* Wallfahrt.

Dass Beethoven in seiner Fähigkeit, spezifische Sinneserfahrungen kompositorisch luzide auf den Punkt zu bringen, vielen seiner Nachfolger überlegen war, ließe sich durch subtile Analysen der Partituren belegen. Hier muss der Vergleich mit der *Alpensinfonie* von Richard Strauss genügen: Den dort beschworenen Sonnenaufgang illustriert die Musik durch triumphale Gesten von solcher Allgemeinheit, dass man keine »Lokalität« ausmachen kann, vielmehr an die brillant-schwülstige Dekorationskunst erinnert ist, die das ausgehende 19. Jahrhundert liebte. Demgegenüber bevorzugt Beethoven Konkretheit der Tonsprache: Diese ist ihm freilich nicht in den Schoß gefallen, sondern hart erarbeitet.

Solches gilt nicht nur für elementarische Anfänge oder charakteristische Sätze, sondern auch für unendlich viele kompositorische Details, die im Rahmen des Ganzen nicht nur *gefallen*, sondern geradezu *auffallen* sollen. Beethoven lässt uns in seinen Kompositionen auch im Detail an seiner Gedankenarbeit teilhaben; und diese Gedanken sind offenkundig ambivalent: Indem sie im Gehirn herumschwirren, müssen sie nicht unbedingt musikalischer Natur sein; erst im Zuge eines oft langen Klärungsprozesses, den die zahlreich erhaltenen Skizzen spiegeln, bekommen sie musikalischen Ausdruck. Markant kann dieser Ausdruck jedoch nur erscheinen, sofern ihm etwas Elementarisches eignet, das sich *nicht* ohne weiteres mit seiner Umgebung verschleift, sondern ihr zugleich Paroli bietet. So gesehen, muss ein ›elementarischer‹, von seiner Umgebung deutlich abgehobener Akkord zwar nicht unbedingt *einfach* sein; er muss jedoch ein Maß an Prägnanz ausweisen, das ihn als aus seinem Kontext herausgehoben erscheinen lässt. Während die Musik späterer Generationen – in geeigneten Fällen – mit impressionistischen Gemälden verglichen werden kann, auf denen die Konturen zugunsten der Darstellung einer Gesamtatmosphäre verschwimmen, setzt Beethoven – ohne das Ganze zu vernachlässigen – auf signifikante Einzelmomente. Diese verfügen über soviel Eigen-Sinn, dass sie auch im Mikrobereich archetypische Bilder aufrufen. Es muss da nicht um ausführliche Assoziationsketten gehen: Auch das schon erwähnte *cis* der Celli, welches dem Anfangs-impuls der *Eroica* auf krasse Weise seine Grenzen aufzeigt, bietet ein solches archetypisches Bild, indem es über seine immanent musikali-sche Funktion hinaus ganz allgemein für die Vorstellung von ›Hinder-nis‹ steht. Beethoven war weder der Erste noch der Letzte, der Musik in diesem Sinne als Metapher für allgemein-menschliche Vorstellun-gen verstand; jedoch hat es ihm an Bewusstheit und Intensität darin keiner gleichgetan. Im Medium des musikalischen Dramas ist ihm vor allem Richard Wagner nachgefolgt: Das Schwert-Motiv aus dem *Ring des Nibelungen*, hier *pars pro toto* genannt, vermittelt jenseits der direkt erfahrbaren archetypischen Gestik ein über Musik und Szene hinausreichendes Moment von ›Vorwärtsdrang‹.

Von denkwürdigen Fugati

Vom Biographen Wilhelm von Lenz ist Beethovens Vorstellung über-liefert, dass »in die alt hergebrachte Form der Fuge ein anderes, ein wirklich poetisches Element kommen« müsse.[62] Dieser Maxime wird der Komponist in seinen Sinfonien auf die unterschiedlichste Weise gerecht. Da gibt es das neckische, jedenfalls entspannte Fugato im Trio der *Fünften* und das meditative im *Allegretto* der *Siebten*. Damit kontrastieren zahlreiche fugierte Stellen, die für Kampfsymbolik ste-hen und als solche zumindest im sinfonischen Genre ganz neu sind; exemplarisch gilt das für die entsprechenden Passagen im ersten Satz der *Eroica*. Die offenkundig absichtlich ›schlecht‹ komponierten Fu-gati im Finale der *Achten* sind demgegenüber Ausdruck eines sinnlos-wilden Herumgefuchtels. Schließlich die Doppelfuge im Chorfinale der *Neunten*: Sie gibt zu der Anmutung ›Mehr Schein als Sein‹ An-lass: Die große Geste ist zwar durch die hehre Absicht gedeckt, die Devisen von »Freude, schöner Götterfunken« und »Seid umschlungen, Millionen« im Sinne eines gewaltigen Volkschors zusammenzuführen. Doch offenbar ist Beethoven diese Idee so spät gekommen, dass er sich nunmehr mit zwei Themen auseinandersetzen muss, die sich bestenfalls dem äußeren Eindruck nach zur Kombination eignen.

Von markanten Dissonanzen

Ihrer gibt es so viele, dass hier nur die beiden wohl eindrucksvollsten genannt werden sollen. Da geht es zunächst um den Zusammenklang a-Moll$^{5/6b}$. Zwar bringt Beethoven im 1. Satz der *Eroica* schon vor dieser markanten Stelle Dissonanzen in Hülle und Fülle; doch nun kommt es in den Takten 276-279 zum Höhepunkt des Schreckens: In den von Streichern und den meisten Holzbläsern gespielten a-Moll-Dreiklang knallen Hörner und Trompeten, sich provokativ abwechselnd, mit der dissonierenden kleinen Sext *f*; zudem bestätigen die Flöten in hoher, schriller Lage die Dissonanz *e-f*. Das Ganze ist umso wirkungsvoller, als auf diese grelle Dissonanz eine nur von den Streichern bestrittene Zone der Beruhigung folgt, die zwar ihrerseits dissonant beginnt, jedoch in die berühmte e-Moll-Bläser-Episode mündet und damit in das einzige in sich geschlossene Thema des ersten *Eroica*-Satzes. Wer in Beethoven vor allem den Meister der strukturellen Arbeit sieht, kann ihn hier in seiner Meisterschaft erleben, die Verbreitung sinnlichen Schreckens als Mittel zu nutzen, um den nachfolgenden ›Zuspruch von oben‹, als den man dieses spirituelle Zentrum des Satzes verstehen könnte, umso effektvoller in Szene zu setzen.

Eine Dissonanz im 1. Satz der *Neunten* ist nicht nur wegen ihrer Exponiertheit, sondern auch infolge des ›Einschreitens‹ von Hector Berlioz in die Geschichte eingegangen: Dieser übte so vehemente Kritik an dem gleichzeitigen Erklingen von *es-f-g-as-c* (mit *g* als Basston) in Takt 217 der Durchführung, dass fortan in einigen einschlägigen Notenausgaben das *as* durch *g* ersetzt wurde. Sinn von Beethovens Strategie war offenbar, die nachfolgende kontrapunktische Partie, die den Eintritt einer Doppelfuge suggeriert, recht dramatisch vorzubereiten. So gesehen, ist die Funktion dieser Dissonanz ähnlich der im beschriebenen *Eroica*-Beispiel.

Von »falschen« Einsätzen

Klassisches Beispiel ist der gern »Kumulus« genannte,[63] vermeintlich verfrühte Horneinsatz zu Beginn der Reprise des ersten *Eroica*-Satzes, Takt 394. Er erfolgt im *pianissimo* und wird nur von »flüsternd tremolierenden«[64], jedoch zugleich heftig dissonierenden Violinen begleitet. Dass ihm zwei Takte folgen, die vom ganzen Orchester *forte* bzw. *fortissimo* fordern, unterstreicht die Bedeutsamkeit des Vorgangs: Offensichtlich muss das Horn die Reprise ohrenfällig ›anmelden‹, bevor sie von den Celli im *Fortepiano* tatsächlich inszeniert wird. Das ist kein Scherz im Sinne der ›falschen‹ Einsätze, mit denen Beethoven in der *Pastorale* zur Kennzeichnung von ›Bauernmusik‹ arbeitet. Einschlägige Skizzen belegen, dass Beethoven der »Kumulus« überaus wichtig war und in seinen Planungen schon früh eine Rolle spielte. Nach Karl Nef lässt sich die »rein musikalisch unmögliche Stelle [...] nur aus ihrer poetischen Idee erklären«[65]. Doch welche Idee könnte das sein?

Der ›voreilige‹ Einsatz des Horns erinnert an ein »Achtung«-Schild. Offensichtlich will Beethoven verhindern, dass sich die Hörer ohne eigene Gedankenarbeit in die Reprise hinüberschaukeln lassen – so, als wäre alles Wesentliche gesagt und man könne die Exposition noch einmal in aller Ruhe an sich vorüberziehen lassen. In der Tat erwartet die Hörer ja nicht nur eine wesentlich veränderte Reprise, sondern auch eine Coda von riesenhaften Ausmaßen, die noch einmal auf das markante e-Moll-Thema der Durchführung zurückkommt und dieses damit erneut als ein spirituelles Zentrum der Sinfonie ausweist. Dass hier ein Zusammenhang mit der von Karl Nef vermuteten »poetischen Idee« besteht, ist nicht von der Hand zu weisen: Es müsste sich dann, wie oben bereits skizziert, um die Handlung des *Prometheus*-Balletts handeln, zu dem Beethoven – gleichsam als Vorlauf zur *Eroica* – die Musik komponiert hatte.

Hier noch ein Seitengedanke: Wie hat man einstmals in die Spur zurückgefunden, wenn es bei Orchesterproben – beispielsweise angesichts des »Kumulus« – ein Durcheinander gegeben haben sollte? Bis weit ins 19. Jahrhundert hinein weisen weder geschriebene noch gedruckte Stimmen Taktzahlen oder Abschnittbuchstaben auf: Es ist ein völliges Rätsel, wie ein Dirigent damals ohne solche Orientierungshilfen zurechtgekommen ist! Das gilt umso mehr, als er das Orchester vielfach noch vom Konzertmeisterpult aus und mittels einer Violinstimme leitete, die bestenfalls Stichnoten enthielt, was die Einsätze der anderen Instrumente betraf.

Von den Escapaden der Pauke

Natürlich gibt es bereits in der Musik vor Beethoven solistische Einsätze der Pauke: Die instrumentale Einleitung zu Bachs *Weihnachtsoratorium*, die ja ursprünglich für den Text »Tönet, ihr Pauken, erschallet, Trompeten« komponiert worden war, ist hier ebenso zu nennen wie Haydns *Sinfonie mit dem Paukenschlag* und diejenige *mit dem Paukenwirbel*. In Beethovens Sinfonien sind Soloauftritte der Pauke zwar nicht unbedingt markanter, jedoch ›sprechender‹ in das jeweilige kompositorische Gesamtkonzept eingefügt.

Das gilt schon für den Schlussteil des Trauermarsches aus der *Eroica*, wo die Pauke ab Takt 199 nicht länger nur das unterstreicht, was die anderen Instrumente und speziell die Blechbläser vorgeben, sondern eigene Akzente setzt – bis hin zu ihrem letzten Ton: einem einsamen Achtel, das sie zehn Takte vor Schluss inmitten eines ansonsten schweigenden Orchesters *pianissimo* absetzt. – Im *Adagio* der *Vierten* übernimmt die Pauke einen Takt lang, nämlich in Takt 64, von den Celli und Bässen eine Folge von sechs punktierten

Quartsprüngen, die sie zuvor schon gemeinsam mit anderen Instrumenten gespielt hat, nun aber allein vorträgt. Drei Takte vor Schluss darf sie mit derselben, jedoch nunmehr leicht verkürzten Phrase erneut im *pianissimo* aufwarten: Das Orchester hört schweigend zu, um den Satz danach mit zwei Fortissimo-Schlägen zu beschließen.

Von dem Eindruck des Numinosen in der Überleitung zum Schlusssatz der *Fünften*, zu dem die Pauke Wesentliches beiträgt, wird noch die Rede sein. Hier geht es weiter mit der *Pastorale*. Dort setzt Beethoven die Pauke – wie auch die Piccoloflöte – nur anlässlich der Szene *Gewitter und Sturm* ein, wobei er speziell für das Nachgrollen des abziehenden Unwetters die passende Szenerie findet: Von einer solchen darf man sprechen, weil es wohl keine orchestrale Gewitterszene vor und nach Beethoven gibt, die drastisch-plastischer ausfiele.

Wie hat der Paukenist seinerzeit die Instrumente in der *Achten* rasch in die ungewöhnliche Oktavstimmung gebracht? Für die Umstimmung seiner einen Pauke von *C* nach *F* blieb nach Ende des 3. Satzes jedenfalls wenig Zeit; und Maschinenpauken gab es zu Zeiten Beethovens noch nicht. Stand ihm womöglich eine dritte Pauke zur Verfügung?

Der solistische Auftritt der Pauken im Scherzo der *Neunten* wurde, wie noch zu erwähnen, vom Publikum der Uraufführung beklatscht. Doch warum verlangt Beethoven hier – wie in der *Achten* – zwei Pauken in *F*, wo der Satz doch in d-Moll steht? Übrigens mussten diesmal sogar zwei Pauken binnen kürzester Frist umgestimmt werden, damit sich der pikante Terzklang realisieren ließ.

Von ausdrucksstarken Kürzungen

Es geht hier nicht um Striche, die spätere Generationen besserwisserisch in Beethovens Sinfonien anbringen wollten, sondern um charakteristische Verkürzungen des harmonischen Verlaufs, die der

Komponist zur Intensivierung der jeweils intendierten Aussage vorgenommen hat. So gibt es im *Adagio* der *Neunten* in den Takten 41 bis 43 beim Übergang in die erste Variation des Hauptthemas einen plötzlichen Rückgang von D-Dur in die Ausgangstonart B-Dur. Das ist jedoch nichts gegen die Parallelstelle ab Takt 83: Nach einer wunderbaren Bläsermodulation von Es-Dur in die Tonart Ces-Dur, die durch ein auffälliges, in anderem Zusammenhang (S. 31) schon erwähntes Hornsolo für einen kurzen Moment gefestigt scheint, erfolgt kein Verharren in Ces-Dur, vielmehr ein abrupter Übergang in die Tonart B-Dur, in der auch die nun folgende zweite Variation des Hauptthemas steht. Allerdings hat Beethoven an dieser Stelle *Lo stesso tempo* vorgeschrieben: Der Satz soll in seinem gleichmäßigen Fluss nicht gestört werden, diesen vielmehr im Wesentlichen bis zum Ende beibehalten. Andererseits soll keine Monotonie aufkommen; deshalb arbeitet Beethoven mit den genannten Tonartwechseln, die man – bildlich gesprochen – als Rückkehr aus fremder zur ursprünglichen harmonischen Beleuchtung des Satzes bezeichnen könnte. Die jeweilige Rückkehr erfolgt zauberisch, nicht mit provozierender Heftigkeit. So ist das Ganze ein winziges Beispiel für Beethovens Kunst, die einzelnen musikalischen Parameter so auszutarieren, dass dort, wo er es wünscht, die Heterogenitäten des Einzelnen zur Homogenität des Ganzen zusammengeführt werden.

Von Beethovens Vorliebe für die *Eroica*

Aus dem Sommer 1817 ist ein Dialog zwischen dem kunstliebenden Wiener Hofsekretär Christoph Kuffner und Beethoven überliefert. »Sagen Sie mir aufrichtig, welche ist Ihnen die Beliebteste unter Ihren Symphonieen?« Beethoven erwidert »ganz vergnügt«: »Eh, Eh, die Eroica.« – »Ich hätte gedacht, die in C-Moll.« – »Nein, die Eroica.«[66]

Nicht zufällig sind viele der in diesem Kapitel aufgeführten ›Fallbeispiele‹ der *Eroica* entnommen: Die damals noch nicht komponierte *Neunte* womöglich ausgenommen, weist keine andere Sinfonie so viele Verrätselungen auf wie die *Eroica*. Das macht den Komponisten jedoch nicht um sein Image besorgt, sondern im Gegenteil »vergnügt«: Lieber als die stromlinienförmige *Fünfte* ist ihm die *Eroica* – vermutlich gerade *weil* sie neben ihren dynamischen Zügen diejenigen eines kunstvoll-fantastischen Irrgartens hat: So viel Beethoven daran liegt, aus seinen Tönen verstanden zu werden, so wenig lässt er sich – von der *Pastorale* abgesehen – in die Karten schauen. Man ist an jene sibyllinische Inschrift erinnert, die er als einen seiner »Wegweiser«[67] an seinem Arbeitsplatz stets vor Augen hatte: »Ich bin alles, Was ist, Was war, und Was seyn wird, Kein sterblicher Mensch hat meinen Schleyer aufgehoben«[68]. Natürlich bezog auch Beethoven diese Devise, der er vielleicht in Friedrich Schillers Aufsatz *Die Sendung Moses* begegnet war, zunächst einmal auf die Gottheit. Doch darüber hinaus dürfte er sich mit den Worten identifiziert haben, die ihm Bettine von Arnim, die in Wien seine nähere Bekanntschaft gemacht hatte, in einem ihrer Goethe-Briefe von 1810 in den Mund gelegt hat: »So vertritt die Kunst allemal die Gottheit«[69]. Und diese Kunst war für ihn nicht zuletzt die eigene.

Vom Überwinden der Schwelle

Das berühmte cis, das dem Eingangsmotiv der *Eroica* schon nach neun Tönen Einhalt gebietet, lässt Komponisten und Hörer wie vor einer geschlossenen Tür verharren: Hier geht es nicht weiter. Und wirklich tritt die Musik daraufhin den Rückzug an und versucht, auf anderem Weg weiterzukommen. Die entscheidende Schwelle vermag Beethovens sinfonisches Ich letztendlich erst im Finale zu überschreiten: Nun ist der Weg frei für gelöstes Musizieren, für die Verwandlung des ›problematischen‹ Eingangsmotivs in einen beschwingten Kontretanz.

Ähnliches gilt für die *Fünfte*. Das berühmte Eingangsmotto gleicht einer ernsten Warnung: ›Weißt du, worauf du dich einlässt, wenn du hier eintrittst?‹ Und wie in der *Eroica* erfolgt der Übergang ins Licht erst im Finale, wird jedoch noch intensiver vorbereitet: Dem sieghaften C-Dur der Schlussapotheose geht eine Phase des Im-Dunkeln-Tastens voraus, deren Drastik im Sinne tonaler und metrischer Unbestimmtheit schon die Zeitgenossen staunen ließ.

Ganz anders geht Beethoven in der *Pastorale* vor: Zwar beginnt auch diese mit einem Motto, das sich wie die Inschrift auf einem Türbalken lesen lässt. Doch diesmal handelt es sich – gemäß der Satzüberschrift »Erwachen heiterer Empfindungen bei der Ankunft auf dem Lande« – um einen Willkommensgruß der Natur: ›Tritt in mich ein!‹

Die *Neunte* verspricht gleich zwei Schwellenerfahrungen. Zu Anfang der Sinfonie erlebt der Hörer, wie ein diffuser Urzustand in geordnete Bahnen gelenkt wird, ohne dass der Satz etwas vom Gestus der Monumentalität verlöre. Das ist dem ›Durchbruch‹ zum Finale der *Fünften* vergleichbar; jedoch ist es kein Durchbruch vom Diffus-Dunklen ins helle Licht, sondern ›nur‹ ein solcher vom Ungeformten zum Geformten – also nicht mehr als ein erster Schritt, der im Vorfeld des Chorfinales im Zeichen der ›Schreckensfanfare‹ und des Ausrufs »O Freunde, nicht diese Töne!« geradezu zurückgenommen wird: Das neuerliche Halt-Zeichen verdeutlicht, dass es allein mit der Formkunst des Sinfonikers, mag sie sich noch so eindrucksvoll artikulieren, nicht getan ist. Vielmehr ist nunmehr eine höhere Schwelle zu überschreiten – in Richtung der Vorstellung eines gemeinschaftlichen Freudenfestes, zu dem jeder nach Kräften beiträgt. Seit der *Eroica* ist Beethoven immer wieder dem Problem nachgegangen, wie sich die Schwelle zwischen selbstbezüglicher Kunstübung und einer höheren, den Kompositionsprozess überformenden Idee überwinden ließe. Jedoch ist dieser produktive Widerspruch erst hier in aller Prägnanz auf den Punkt gebracht.

Beethoven zur Zeit der 1. Sinfonie. Kupferstich von Johann Joseph Neidl nach
einer Zeichnung von Gandolph Ernst Stainhauser von Treuberg aus dem Jahr
1801. Das Bildnis war als autorisiertes Portrait in Wiener Verlagsbuchhandlun-
gen zu haben. Beethoven schickte es alsbald seinem Freund Franz Gerhard Wegeler nach Bonn. (Beethoven-Haus Bonn)

»VON HEUTE AN WILL ICH EINEN NEUEN WEG EINSCHLAGEN«

DIE SINFONIEN NR. 1 BIS NR. 9

SINFONIE NR. 1, C-DUR OP. 21

Uraufgeführt am 2. April 1800
im Wiener Hofburgtheater

Weder das Datum der Uraufführung ist zufällig, noch die Auswahl des Beiprogramms. Die Jahreszahl 1800 signalisiert den Beginn des neuen Jahrhunderts; und es ist gut denkbar, dass Beethoven dieses mit einem Paukenschlag beginnen will. Jedenfalls bescheinigt ihm die Presse »Neuheit und Reichthum an Ideen«.[70] Nicht minder bemerkenswert ist es, dass auf dem Programm seiner ersten eigenen Akademie auch eine Sinfonie Mozarts, mit einiger Wahrscheinlichkeit die *Jupiter*-Sinfonie, steht: Letztere preist der Bach-Schüler Johann Christian Kittel als »Triumph der neueren Tonkunst«[71] – nicht zuletzt im Blick auf das Finale: Die Kombination von Sonaten- und Fugenform, welche eine einfach gestrickte Formenlehre hier konstatiert, lässt sich weder als unproblematische gattungsspezifische Weiterentwicklung des traditionellen Fugenfinales noch als plausible Konsequenz einer satzübergreifenden Konzeption verstehen. Es gibt da vielmehr einen Überschuss an Sinn, der offenbar in der – auch für

Mozart augenscheinlich neuen und womöglich singulären – Vorstellung besteht, dass dem Publikum ein Sinfonie-Finale als grandiose Krönung der bisher erklungenen Sätze vorzustellen sei: im Sinne einer Überhöhung, wie sie der muntere Kehraus einer Haydn-Sinfonie oder ein den Opernfinali nachempfundener Schlusssatz Mozarts bei allem Charme nicht zu leisten vermöchten.

Ein in diesem Sinne gewichtiges Finale setzt freilich, um nicht unbegründet zu wirken, einen bedeutungsvollen Anfang voraus; und wenn Beethoven, was diesen Anspruch betrifft, mit seiner C-Dur-Sinfonie womöglich nahtlos an das Finale der *Jupiter*-Sinfonie anknüpfen will, so macht er das bereits mit dem ersten Akkord deutlich. Nach jahrhundertalter Tradition müsste er c-e-g lauten: Darüber, dass die Sinfonie in C-Dur steht, sollte der Hörer von Rechts wegen gleich zu Anfang informiert werden. Stattdessen beginnt Beethoven mit einer C^7-Dissonanz, löst diese in die Unterdominante F-Dur auf, um nach weiteren Um- oder Abwegen erst mit Beginn des Hauptthemas definitiv in die Grundtonart einzumünden.

Eine Dissonanz am Anfang eines Stücks hatte es zuvor fast nur im Bereich der Vokalmusik gegeben; so beginnt Johann Sebastian Bach seine Kantate BWV 54, *Widerstehe doch der Sünde*, mit einem langausgehaltenen Vorhalt. Dieser steht jedoch symbolträchtig für den Widerstand, den der Christenmensch der Sünde leisten soll, und ist insofern plausibel. Am Anfang einer Sinfonie und im Sinne eines harmonischen Verwirrspiels über mehrere Stationen hinweg ist Beethovens Verfahren innovativ: Der Komponist lädt nicht, wie gewohnt, zum selbstverständlichen Nachvollzug seiner Musik ein, fordert vielmehr dazu auf, mit ihm in einen ganz und gar unbekannten Raum einzutreten. Dort stehen nicht – wie noch in Mozarts *Jupiter*-Sinfonie – die für eine C-Dur-Sinfonie typischen Trompeten- und Paukenklänge zum Empfang bereit; vielmehr sorgen anfänglich Holzbläser und Streicher-Pizzicato für einen eher diffusen Klangeindruck. Zu diesem trägt auch das anfängliche Fehlen einer soliden metrischen Grundierung bei. Alles in allem handelt es sich hier um ein erstes Beispiel dafür, dass Beethovens »absolute Musik« von der nunmehr unabdingbaren Bereitschaft der Hörer lebt, sich immer neu auf ungewohnte Situationen einzulassen und sich dabei für die Herstellung des Zusammenhangs gleichsam selbst verantwortlich zu fühlen.

Die langsame Einleitung der *Ersten* hat weniger die Funktion, Stimmung zu machen, als vielmehr den fulminanten Einsatz des Hauptthemas plausibel erscheinen zu lassen. Mit einem solch explosiven Thema kann man nicht einfach loslegen: Zunächst gilt es, so viel Energie anzusammeln, dass die anschließende Entladung überhaupt möglich wird – ein Problem, dass Beethoven bis zur *Neunten* nicht wieder losgelassen hat. Es lohnt sich, genauer zu betrachten, wie genial er den Moment der Entladung komponiert hat. Der Zeitpunkt – und damit der Beginn des Hauptthemas – ist nicht in aller Eindeutigkeit zu bestimmen. Im letzten Viertel von Takt 12, wo das Unisono der Streicher wie ein Falke auf den Grundton niederstößt, verdichtet sich die zuvor angesammelte kritische Masse, sodass eine Kettenreaktion möglich wird. Der damit beschriebene Prozess macht es jedoch fast unmöglich, Einleitung und Hauptthema voneinander zu trennen: Man hat weniger darauf geachtet, ›wie es anfing‹, als darauf, ›wie es weiterging‹.

Solches steht symbolisch für Beethovens Intention, in der Kunstwelt »weiterzugehen«, wie es in der schon zitierten Briefstelle heißt. Für Carl Dahlhaus, der sich dabei auf den Artikel *Symphonie* in Sulzers *Allgemeiner Theorie der Schönen Künste* beruft, hat das Hauptthema das Fortreißende einer Pindarschen Ode, die damals als Inbegriff des Erhabenen galt;[72] Arnold Schmitz erinnerte es frappant an das Hauptthema aus Rodolphe Kreutzers *Ouverture de la journée de Marathon* von 1795/96, also an festliche Revolutionsklänge, die zur Zeit der Revolutionskriege die Idee heldenhafter Vaterlandsverteidigung aufgreifen.[73] Die unterschiedlichen Assoziationen ergänzen sich vorzüglich: Zu der Idee des zeitlos Erhabenen tritt die des aktuell Revolutionären; und beides verschmilzt Beethoven zu einem nur ihm eigenen Werk, dessen ›Ton‹ bis heute – über die Jahrhunderte hinweg – verständlich ist.

Viele Zeitgenossen haben den Beethoven der *Ersten* in der Nachfolge Haydns und Mozarts gesehen. Dem zu seiner Zeit bekannten russischen Musikschriftsteller Alexander Ulibischeff, der sich als Mozart-Verehrer und Beethoven-Verächter in einer Person gerierte, galt sie konsequenterweise »als das Beste, was Beethoven je geschrieben, das kleinste aller Übel, die er in die Welt gebracht hat«.[74] Der Leipziger Musikkritiker und Beethoven-Liebhaber Friedrich Rochlitz urteilte demgegenüber, man habe in der *Ersten* anfänglich »ziemlich confuse Explosionen dreisten Übermuthes« gesehen.[75] Solcher ist vor allem aus dem Kopfsatz und dem an dritter Stelle stehenden *Menuett* herauszuhören. Im 1. Satz geht es ja nicht nur um die schon beschriebene Neuartigkeit einer Einleitung, welche die Hörer gleich einem exzentrischen Romananfang auf die Folter spannt; vielmehr ist das gesamte musikalische Geschehen des Kopfsatzes von Momenten der Dynamik und Prozesshaftigkeit bestimmt, die zwar noch nicht an den späteren Beethoven heranreichen, jedoch im Vergleich mit Haydns und Mozarts Sinfonik auffällig genug sind.

Robert Schumann, der sich noch als Zeitgenosse Beethovens betrachten durfte, entwarf dazu das hochromantische Bild: »Bald tritt der junge Beethoven herein, athemlos, verlegen und verstört, mit unordentlich herumhängenden Haaren, Brust und Stirne frei wie Hamlet, und man verwundert sich sehr über den Sonderling; aber im Ballsaal war es ihm zu eng und langweilig, und er stürzte lieber in's Dunkle hinaus durch Dick und Dünn und schnob gegen die Mode und das Ceremoniell und ging dabei der Blume aus dem Weg, um sie nicht zu zertreten.«[76]

Die von Schumann beobachtete »Atemlosigkeit« lässt sich gut an einem neuen Zeitbewusstsein des Sinfonikers Beethoven zeigen, das dem Hörer kaum Gelegenheit zum Innehalten gibt. So folgt auf den 6taktigen Vordersatz des Hauptgedankens kein regulärer, das musikalische Gefüge ausbalancierender Nachsatz, sondern eine Vorwärtsdrang signalisierende Rückung in das um einen Ganzton höhere D-Dur. Demgegenüber ist das Seitenthema zwar regelmäßig gebaut; jedoch wird die Tonart G-Dur, in der es entsprechend traditioneller Sonatensatzform steht, nicht mittels der schulgerechten Modulation über die Doppeldominante erreicht. Da dem Seitenthema folgerichtig die Bestätigung seiner Tonika vorenthalten wird, erlebt der Hörer seinen Eintritt als Irritation: Das G-Dur ist zwar als solches regelkonform; gleichwohl hat der Hörer den Eindruck, es wäre gleichsam durch eine falsche Tür eingetreten und niemand hätte ihm den richtigen Platz angewiesen – das hätte nämlich durch ein D-Dur geschehen müssen, das durch Abwesenheit glänzt.

Ähnliches praktizierte gelegentlich schon Mozart, sodass Donald Francis Tovey von einem »practical joke«, also einem abgestandenen Scherz, spricht.[77] Beethoven mag die Belegstellen gekannt, ja studiert haben; er zeigt jedoch, was man aus einem solchen »joke« machen kann: Aus der punktuell-kecken Übertretung einer kompositorischen Konvention wird ein individuelles Markenzeichen – nämlich das der Verkürzung von modulatorischen Wegen und der Verkettung von Satzteilen, welche die Vorgänger oftmals gemächlich auseinandergehalten hatten.

Gleichfalls zu einem Markenzeichen macht Beethoven bereits in seiner *Ersten* auch die Art der Durchführung. Ohne das Niveau der Durchführungsarbeit in Haydn- und späten Mozart-Sinfonien schmälern zu müssen, kann man Beethoven auch in diesem Punkt gesteigerten Ehrgeiz attestieren. Für ihn sind endgültig die Zeiten vorbei, in denen man die ›Durchführung‹ vor allem als Brücke zwischen ›Exposition« und ›Reprise‹ betrachtete – so originell und kunstvoll diese Brücke auch konstruiert sein mochte. Beethovens ›Durchführung‹ dient demgegenüber dem Ziel, die ›Themen‹, die in der ›Exposition‹ vorgestellt wurden, dergestalt durchzuarbeiten, dass sie in der ›Reprise‹ als geklärt noch einmal am Hörer vorüberziehen können.

Schon an der *Ersten* kann man solches bewundern, denn Beethoven arbeitet gezielt mit Material, das er aus den ersten vier Takten des Hauptthemas und den zweiten vier Takten des Seitenthemas gewinnt. Und die Konsequenz seiner Arbeit lässt sich am harmonischen Gang des ersten der beiden Durchführungsteile ablesen: Dieser besteht –Zwischenstationen außer Acht gelassen – aus einer von A-Dur nach Es-Dur absteigenden Quintenreihe, worauf spiegelbildlich der Aufstieg von Es-Dur nach E-Dur erfolgt – zunächst stufenweise, dann wiederum in Quintschrittsequenzen. Der letzte Teil der Durchführung steht für die Intention, ihre beiden Hauptmotive, die beim Gang durch harmonische Höhen und Tiefen verhältnismäßig eng am Zügel geführt worden waren, nunmehr gleichsam ins Freie schießen zu lassen: Am Schluss bleibt von ihnen kaum mehr als ein spezifischer Gestus übrig. Stattdessen triumphiert in Takt 162 bis 170 ein von den Bläsern im fortissimo vorgetragenes, sieben Melodietöne umfassendes Motiv, das man nicht nur als den Zielpunkt der Durchführung ansehen darf, sondern auch als pathetischen Siegesruf der neuen, revolutionären Zeit. Das an verschiedene Revolutionshymnen anklingende Motiv[78] ist eine Vorahnung jenes Durchbruchs, den Beethoven am Ende der Durchführung des ersten *Eroica*-Satzes in Gestalt des e-Moll-Themas in Szene setzen wird. Die unmittelbar darauf folgende Reprise kann nun noch einmal als das ganz Frische und Neue erscheinen.

Wie ernst Beethoven sein kompositorisches Konzept nimmt, zeigt die Coda: Sie endet mit einem 22 Takte währenden, fortissimo auszuführenden C-Dur-Dreiklang: Wurde die Grundtonart in der langsamen Einleitung des Satzes mehr verhehlt als präsentiert, so wird sie am Ende, thematisch mit einem Segment aus dem Hauptthema unterfüttert, geradezu ausgestellt. Solches spricht für eine Dramaturgie, die ganz auf Öffentlichkeit setzt und erst dann zu ihrer vollen Wirkung kommt, wenn sie von einem über das Orchester ›herrschenden‹ Dirigenten verantwortet wird. Das war in der Uraufführung der Sinfonie von 1800 noch keine Selbstverständlichkeit; diese leitete der Operndirektor Giacomo Conti womöglich vom Konzertmeisterpult aus.

Letzteres würde im 2. Satz sogar seinen guten Sinn gehabt haben, weil Beethoven sein Ensemble hier im Wesentlichen kammermusikalisch-entspannt musizieren lässt: Er kommt fast ohne alles Forte aus, präsentiert jedoch einen Pianissimo-Schluss. Zwar darf die Pauke mit ihrem punktierten Rhythmus ein wenig solistisch auftrumpfen – aber auch das nur im Piano, also in Übereinstimmung mit der Tonart F-Dur, die ja traditionsgemäß sanfte Töne verheißt. Laut Altmeister Johann Mattheson ist sie fähig, »die schönsten Sentiments von der Welt zu exprimiren, es sey nun Großmuth / Standthafftigkeit / Liebe / oder was sonst in dem Tugend=Register oben an stehet / und solches alles mit einer der massen natürlichen Art und unvergleichlichen Facilité, daß gar kein Zwang dabey vonnöthen ist«.[79]

Mag man da an das Jahrhundert Haydns und Mozarts zurückdenken, so zeigt das nachfolgende *Menuetto* wiederum eine typisch Beethovensche Handschrift: Der Komponist wählt diese Satzbezeichnung innerhalb seiner Sinfonik expressis verbis hier zum ersten und letzten Mal – und dies zu nichts anderem, als sie ad absurdum zu führen: Die Ära des Menuetts als eines gemessen höfischen Tanzes, wie sie noch in Mozarts *Jupiter*-Sinfonie und in Haydns später *Londoner Sinfonie* beschworen wird, ist endgültig vorbei. Vorgeführt wird ein Geschwindtanz, von dessen Motorik Parameter wie Melodik und Harmonik geradezu weggewischt werden. Dafür werden im *Trio* – scherzhaft oder nicht – betont schlichte Harmonien und kurze Melodiefloskeln umso bewusster abgeschmeckt. Beethoven wird auch künftig nicht an der Tradition rütteln, dass zu einer Sinfonie ein beschwingter Satz in tänzerischem Dreierrhythmus gehöre, jedoch immer neue Beispiele dafür bringen, dass er sich als Komponist nicht vom Image eines bestimmten Satztypus leiten lässt, sondern dieses seinerseits bestimmt.

Für Hector Berlioz stellte das *Menuett* das einzig wirklich neue dieser Sinfonie dar. Er sprach von einer »vortrefflich gemachten, klaren, lebendigen Musik«. Demgegenüber galt ihm der Schlusssatz als »musikalische Kinderei: Mit einem Worte, das ist nicht Beethoven, aber wir werden ihn sogleich [nämlich in der 2. Sinfonie] finden.«[80]

In der Tat lässt das Finale, welches formal zwischen Rondo und Sonatensatz pendelt, an einen vergnügten Kehraus à la Haydn denken: Dem einleitenden pompösen Orchesterschlag folgt nicht etwa alsbald das spritzige Hauptthema, vielmehr scheint der Komponist nach einem solchen nachdenklich bis zögerlich zu suchen, um sich danach kopfüber ins *Allegro molto e vivace* zu stürzen. Indessen ist dessen Tempo so überdreht, dass aus dem Scherz fast eine Parodie Haydnscher Leichtigkeit wird. Fazit: Schon mit seiner *Ersten* signalisiert Beethoven seinem damals kompositorisch noch durchaus aktiven Lehrmeister, ihn als Sinfoniker übertreffen zu wollen – in der Gewichtigkeit des Kopfsatzes ebenso wie in Raffinesse und Extravaganz des Finales.

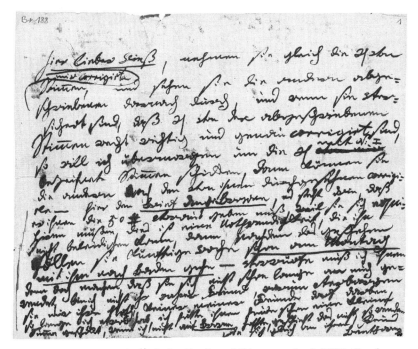

Brief Beethovens an den Schüler Ferdinand Ries vom April 1802: Beethoven bittet Ries, handschriftliches Stimmenmaterial durchzusehen; vermutlich geht es um die 2. Sinfonie. Er erwähnt ein an Graf Browne-Camus gerichtetes, seinem Brief beiliegendes Empfehlungsschreiben. In diesem bittet er den Grafen um einen Vorschuss von 50 Dukaten für Ries, damit sich dieser vor seiner Anstellung bei Browne gebührend ausstatten kann. Beethoven macht dem Schüler freundliche Vorhaltungen, dass er sich in seiner Notlage nicht schon eher an ihn gewandt habe. (Beethoven-Haus Bonn, Sammlung Bodmer, HCB Br 188)

Erste Seite des Klavierparts eines Arrangements der 2. Sinfonie in der Besetzung für Klaviertrio. Zwar ist neueren Forschungen zufolge nicht ganz ge-
sichert, dass Beethoven die 1806 im Wiener Bureau des arts et d'industrie
erschienene Bearbeitung selbst angefertigt hat, wie es das Titelblatt angibt.
Jedoch war ihm das Arrangieren eigener Werke generell geläufig. Es diente
nicht nur der Verbesserung seiner Einnahmen, war vielmehr auch kompositorisch reizvoll: Speziell die Reduktion einer großbesetzten Sinfonie für kleinere
Besetzungen bot die Möglichkeit, die Substanz eines wichtigen Werks noch
einmal neu auszuloten.

Heutige Verleger könnten mit solchen Arrangements kein Geld verdienen:
Im Zeitalter von Rundfunk und Schallplatte ist niemand mehr genötigt, sich
eine Sinfonie via Haus- oder Kammermusik anzueignen, wenn gerade einmal
keine Live-Aufführung in Sicht ist. Im 19. Jahrhundert war man auf solche
Selbsthilfe nicht nur angewiesen, sondern geradezu erpicht: Wie anders hätten
etwa Hamburger Musikliebhaber ihren Beethoven kennenlernen sollen, wo
doch in ihrer Hansestadt eine Beethoven-Sinfonie sage und schreibe erstmals
im Jahr 1819 erklang! (Beethoven-Haus Bonn, C 36/31)

Übrigens – wo gibt es das vor Beethoven in einer Sinfonie: Halbe und Vier-
undsechzigstel-Noten auf engem Raum beieinander! Da bestimmt nicht mehr
die Konvention die zeitlichen Proportionen, sondern das Komponisten-Ich.

SINFONIE NR. 2, D-DUR OP. 36

Vermutlich erstaufgeführt am 5. April 1803
im Theater an der Wien

Im Vergleich zur *Ersten* soll augenscheinlich alles bedeutender, vielschichtiger und insgesamt heroischer werden. Hier schon zeichnet sich eine Tendenz zur Selbstüberbietung ab, die speziell das sinfonische Schaffen Beethovens kennzeichnet. ›Ich bin die Avantgarde meiner Zeit‹ könnte das Motto der *Zweiten* lauten: Haydn und Mozart sind vergessen – falls sie überhaupt bei der *Ersten* Pate gestanden haben. In Anbetracht der Tatsache, dass Größe und Bedeutsamkeit auch etwas mit Quantitäten zu tun haben, wachsen auch die Dimensionen. Das dynamische Potenzial des Orchesterklangs findet stärkere Berücksichtigung; demgemäß gibt es längere Partien, die weniger thematische Arbeit vorführen als Klangflächen darstellen, in denen Energie neu geladen wird.

Die Frage der langsamen Einleitung und ihres Übergangs in das Hauptthema stellt Beethoven noch einmal ganz neu. Diesmal wirkt diese Einleitung nicht gedrungen. Vielmehr lässt sich Beethoven viel Zeit, um das heroische Panorama, das dem Kopfsatz sein Gesicht gibt, ausführlich anzukündigen; umso breiter vermag er es dann im weiteren Verlauf des Satzes auszumalen. Auf neuartige Weise beginnt die langsame Einleitung mit einer »feierlichen Gesangsmelodie«[81], deren Erscheinen gleich zu Anfang all denen widerspricht, die Beethoven zu einem Komponisten ›absoluter Musik‹ im Sinne von Eduard Hanslicks »tönend bewegten Formen« machen wollen: Unmissverständlich signalisiert der hymnische Ton, dass hier kein selbstbezügliches sinfonisches Spiel veranstaltet wird, dass vielmehr große Dinge verhandelt werden, die sich potenziell mit Worten benennen ließen, wenn dies nicht dem Wesen der Gattung widerspräche. Man denkt an den Gestus der von Beethoven gern zitierten vokal-instrumentalen Revolutionsmusiken; und man kann sich schon angesichts der heroischen Devise vorstellen, dass das Werk vor dem Horizont des Gedankenspiels geschrieben ist, nach Paris überzusiedeln oder jedenfalls im Herrschaftsbereich Napoleons den einem großen Künstler gebührenden Platz einzunehmen.

Ähnliches wie für den hymnischen Beginn der Sinfonie gilt für das zweite, fanfarenhafte Thema des Kopfsatzes: Seine Charakterisierung als ›Seitenthema‹ ist unzureichend, da der Satzverlauf geradewegs auf sein Erscheinen zusteuert. Auch die Durchführung wählt sich als einen möglichen Zielpunkt diese metrisch prägnante, marschartige Episode. Zwar verliert das Thema dort seine zweite Hälfte und muss sich innerhalb eines motivischen Spiels gleichsam auf seinen Sinn hin befragen lassen; jedoch darf es sich in der Reprise, nunmehr in der Grundtonart, noch einmal in seiner vollen Pracht zeigen.

Indessen wäre es verfehlt, die hymnischen, wenn nicht revolutionären Gesten für das Ganze des Kopfsatzes zu nehmen: Beethoven arbeitet alles andere als eindimensional oder al fresco. Das zur *Zweiten* reichlich vorhandene Skizzenmaterial belegt sein Ringen um jede kompositorische und satztechnische Einzelheit. Dabei geht der Weg nicht etwa vom Komplizierten zum Einfachen; vielmehr scheint der Komponist sorgsam darum bemüht, banale oder auch nur naheliegende Lösungen zu vermeiden, also als ein Originalgenie zu erscheinen, das sich nicht ausrechnen lässt. So verwirft er zum Beispiel die zunächst skizzierte Möglichkeit, das Motiv des Hauptthemas bereits in der langsamen Einleitung anklingen zu lassen. Auch in anderen Punkten geht es in den Skizzen nicht nur um ein Feilen an Details; vielmehr entwickelt sich erst aus der vorrangigen Detailarbeit die definitive Struktur, und diese ist von Anfang bis

Ende auf eine gründliche Befragung des Materials angelegt. Zu Recht spricht Adolf Nowak von einer »Auseinandersetzung« mit der Sonatensatzform;[82] und diese betrifft nicht nur die Grobstruktur, sondern Detailfragen, die Haydn und Mozart bei aller Differenziertheit ihres Komponierens schwerlich in den Sinn gekommen wären.

Im Nachhinein wird der gewiefte, im Partiturstudium geübte Form- und Strukturanalytiker von Fall zu Fall Begründungen für Beethovens Entscheidungen finden. Wer jedoch nicht unter dem Zwang steht, Beethovens Musik das Gütesiegel vollendeter Logik aufzudrücken, wird für die Kontingenzen seiner Musik offen sein – also für Momente im einzelnen Werk, die nicht umstandslos analytisch zu erklären sind, die man vielmehr schlichtweg auf sich wirken lassen muss – zustimmend, nachfragend oder beides zugleich. Wer von Beethovens Zeitgenossen der *Zweiten* »Bizarrerie« unterstellte,[83] war nicht unbedingt borniert: Möglicherweise wollte er Beethoven besser und detaillierter ›verstehen‹, als es spätere Hörergenerationen für notwendig hielten, indem sie sich willig dem Geniekult auslieferten.

Angesichts von Sätzen, über die sich strukturell nichts Aufregendes sagen lässt, greifen strikte Analytiker der Form innerhalb ihrer Werkbetrachtungen gern zu einem Trick: Um den ihnen eingeräumten Platz zu füllen, berichten sie über programmatische Deutungsversuche, um zugleich über sie zu lästern. *Formal* betrachtet, weist das *Larghetto* der *Zweiten* wenig Besonderheiten auf: Es handelt sich um eine Art Sonatensatz, dessen Hauptthema nicht nur als zweiteilige Liedform gestaltet ist, sondern geradezu als *Lied ohne Worte* gedeutet werden kann. Will man sich etwas weiter vorwagen, ohne dreister Konzertführermanier geziehen zu werden, so mag man noch von »idyllischen« Momenten sprechen,[84] die an passenden Stellen »Seufzerwendungen« und Eintrübungen nach Moll nicht ausschließen.[85] Schließlich bleibt auch der Hinweis im Rahmen des Schicklichen, dass das Seitenthema in A-Dur an die *An-*

dante-moderato-Passagen aus dem langsamen Satz der *Neunten* erinnert, auch wenn es diesen an »Zärtlichkeit« – eine Formulierung Beethovens in den Skizzen zur *Neunten* – nachsteht.

Weiter muss man nicht gehen. Doch ist es ein Sakrileg, die Fantasie spielen zu lassen – sofern dies sachbezogen geschieht und klargestellt ist, dass es sich um nicht mehr und nicht weniger als um das handelt? Immerhin liegt die Vermutung nahe, dass Beethoven – anders als etwa Haydn und Mozart – mit seinen langsamen Sätzen nicht nur etwas Allgemeines, sondern auch etwas Spezifisches aussagen will; darauf deuten jedenfalls die entsprechenden Sätze der *Eroica* sowie der 6. bis 9. Sinfonie hin: Sie sind allesamt mit der traditionellen Vorstellung eines sogenannten »klassischen langsamen Satzes« nicht in Einklang zu bringen. Natürlich ist niemand genötigt, an diesem Punkt aufzuhorchen; man sollte jedoch diejenigen, die es im Lauf der Beethoven-Rezeption getan haben, nicht als Leute verdächtigen, die den Zugang zu Beethoven gleichsam mit unlauteren Mitteln zu erschleichen versuchen. Es könnte ja sein, dass sie sich der Musik entgegen dem Anschein nicht *von außen* nähern wollen, sondern bemüht sind, Beethoven *im Inneren* näherzukommen – wobei diese Formulierung in Anlehnung an Hanns-Josef Ortheils schönes Buch *Mozart im Innern seiner Sprachen* gewählt ist.

Gewiss wollte Beethoven von diesem Innern nur soviel preisgeben, wie er es durch seine Musik getan hat. Wenn er jedoch auf die Frage nach dem »Schlüssel« zu den Klaviersonaten op. 31, 2 und op. 57 – nach meiner Auffassung glaubhaft – äußerte: »Lesen Sie Shakespeares *Sturm*«, so war dies zwar wohl kaum ein konkreter Hinweis auf ein verstecktes Programm, jedoch eine Einladung an den Frager Anton Schindler, die Macht der Fantasie einzusetzen, welcher der Dramatiker Shakespeare im *Sturm* ja eine tragende Rolle zuweist: Die entsprechenden Stichworte sind *Zauberschlaf* und *Geistererscheinung*.

Ein moderner Hörer darf sich deshalb ohne Bedenken mit der Assoziation von Berlioz auseinandersetzen, das *Larghetto* der *Zwei-*

ten stelle das »entzückende Gemälde eines unschuldigen, kaum von vereinzelten melancholischen Anwandlungen verdüsterten Glückes« dar.[86] Und er mag sich auch dem Gedanken des Beethoven-Forschers Harry Goldschmidt stellen, die *Zweite* sei eine verdeckte *Zauberflöten*-Sinfonie, und speziell die »schwärmerisch duettierenden Mittelepisoden« des *Larghettos* spiegelten das Liebesglück von Pamina und Tamino, während die Moll-Partien einen Nachklang der »Schrecken der Nacht und des Todes« darstellten.[87]

Es geht hier nicht um die Plausibilität von Details, sondern um eine grundsätzliche Offenheit gegenüber dem Gedanken, dass sich große Künstler stets von anderen großen Künstlern haben anregen lassen – nicht nur buchstäblich (was natürlich auch vorkommt), sondern vor allem im Sinne der Übernahme ›überzeugender‹ Haltungen in puncto künstlerische Arbeit. Beethoven schrieb seine *Zweite* zur Zeit des *Heiligenstädter Testaments*, das ihn gleichermaßen niedergeschlagen wie liebebedürftig zeigt; und es wäre immerhin denkbar, dass er sich in dieser Situation bei Mozart Kraft für die aus dem *Larghetto* sprechenden Glücksmomente geholt hat. In diesem Sinn darf noch einmal an das *Lied ohne Worte* erinnert werden, das den Satz eröffnet und weiterhin prägt: *Zauberflöte* hin oder her – Beethoven könnte ihm – intentional, nicht faktisch – einen zu der Gefühlssphäre von Pamina/Tamino passenden Text unterlegt haben.

Unter den verschiedenen Möglichkeiten, Musik zu hören, ist sicherlich auch diejenige legitim, die Musik *weiterdenkt*, sie also vor einen größeren Erlebnishorizont stellt. Theodor W. Adorno, der darauf insistiert hat, das Musik *nur* sie selbst *und* fait social, also ein sozialer Tatbestand sei, hat zum *Larghetto* der *Zweiten* eine originelle Notiz hinterlassen: Dieses »gehört zu Jean Paul. Die unendliche Mondnacht spricht allein zu der endlichen Kutsche, die hindurchfährt. Die beschränkte Gemütlichkeit dient dem Ausdruck des Schrankenlosen.«[88] Indem Adorno auf Jean Pauls satirischen Roman *D. Katzenbergers Badereise* anspielt, prunkt er keineswegs nur mit seiner literarischen Bildung. Vielmehr sinnt er im ›Weiterdenken‹ des *Larghettos* darüber nach, wie sich der Kontrast zwischen dem emphatischen Satzbeginn und der doch eher »beschränkten Gemütlichkeit« des nachfolgenden A-Dur-Themas (ab T. 33) begründen ließe – ein Kontrast, den Beethoven so plakativ in seiner Sinfonik nicht wiederholen wird. Und er verweist auf die Ästhetik Jean Pauls, der in seinen Romanen das schöne Unendliche immer wieder mit dem profanen Endlichen zusammenprallen lässt. So lässt der Dichter zwar Katzenbergers Tochter Theoda den »tiefen Ernst der Liebe« erleben, ihn selbst aber schildert er als einen tieferen Regungen eher unzugänglichen Zeitgenossen, der sich immer dort wohlfühlt, wo es anderen graust. Da Jean Pauls Roman einige Jahre nach der *Zweiten* erschienen ist, muss man erst gar nicht darüber spekulieren, ob Beethoven ihn gekannt haben könnte. Weiterführend sind vielmehr die von Adorno vermuteten Parallelen vor dem Horizont des *romantischen Humors*. Auch bei Beethoven bricht sich das Unendliche am Endlichen, und das ›endliche‹ A-Dur-Thema ist für ihn eben nicht nur »gemütlich«, sondern zugleich »beschränkt«.

Hatte Beethoven den 3. Satz der *Ersten* noch *Menuetto* genannt, obwohl er den Charakter eines Scherzos zeigt, so verhält es sich in der *Zweiten* der Tendenz nach geradezu umgekehrt: Nunmehr ist der Satz zwar mit *Scherzo* überschrieben, erinnert jedoch an ein Menuett – freilich nur von fern, denn auch eigenwillige Scherzo-Züge sind unverkennbar: So umfasst der erste, bis zum Doppelstrich reichende Teil zwar ›schulmäßig‹ 16 Takte; jedoch spricht allein die Dynamik, nämlich der gänzlich asymmetrische Wechsel von piano, forte und fortissimo, für eine der Gattung Tanz unangemessene Willkür. Dass sich derlei Effekte abnutzen, ist Beethoven freilich bewusst; demgemäß wird er in den nachfolgenden Sinfonien andere Wege finden, um das lakonische Wesen des neuen Gattungstypus zur Geltung zu bringen.

Die Willkürgesten Beethovenscher Scherzi sind freilich immer im Gesamtzusammenhang der Sinfonie zu sehen – so auch im Fall der *Zweiten*: Nachdem das *Larghetto* eine Atmosphäre großer Ruhe ver-

breitet hat, braucht der Komponist das *Scherzo*, um die für das stür-
mische *Allegro molto* des Finales erforderliche Bewegungsenergie
anzusammeln. (Vergleichbares erlebt man als Hörer der *Fünften* angesichts des berühmten Übergangs ins triumphierende Finale, dort
jedoch noch drastischer.)

Auf den ersten Blick könnte es scheinen, als wolle es Beethoven
im Finale der *Zweiten* noch einmal, wie in der *Ersten*, mit der Aus-
gelassenheit und dem Witz Haydnscher Finali aufnehmen. Doch
dann entwickelt sich aus dem Spiel mit dem eigensinnigen, fast zwei
Oktaven umfassenden Kopfmotiv ein solches Maß an unwirschem
Humor, ja Sarkasmus, dass man an der Handschrift Beethovens –
die Linguisten sprechen von *Idiolekt* – nicht mehr zweifeln muss.
Von diesem Idiolekt zeugt freilich auch, dass sich in der Coda ab
T. 336 eine fast mystisch zu nennende Feierlichkeit ausbreitet, die
nicht nur als pointiertes Atemholen vor dem heftig-bewegten Aus-
klang zu verstehen ist, sondern auch an die hymnischen Töne erinnert, die im 1. und 2. Satz laut geworden sind – Hoffnungsschimmer innerhalb jener »absurden« Welt, von der Bettine von Arnim
Beethoven in einem fingierten Brief vom August 1810 sprechen
lässt[89].

Titelblatt von Beethovens Handexemplar der *Eroica*-Partitur, geschrieben vom Kopisten Benjamin Gebauer. Die autographe Partitur ist nicht erhalten. Von Gebauer stammt die Eintragung »Sinfonia grande / intitolata [unlesbares Wort] Bonaparte / del Sigr / Louis van Beethoven«. Darunter, kaum noch leserlich, von Beethovens Hand mit Bleistift: »geschrieben auf Bonaparte«. Von anderer Hand wurde hinzugefügt: »Sinfonie 3. Op. 55« und »[1]804 im August«. Die Worte »intitolata Bonaparte« wurden von Beethoven später so heftig ausgestrichen, dass ein Loch im Papier entstand.

An den Rändern stehen die eigenhändigen Notizen Beethovens: »Nb. 1 in die erste Violinstimme werden gleich die / anderen Instrumente zum Theil eingetragen« sowie »Nb: 2 das dritte Horn ist so geschrieben, daß es sowohl / von einem primario als Secundario geblasen werden kann« und » Nb die 3: Hörner werden beym Orchester / so geordnet, daß das erste Horn in die / Mitte zwischen den 2 andern zu stehen / kommt«.

Das abenteuerliche Aussehen der Titelseite gibt zu mancherlei Reflexionen Anlass. Zum einen macht es die Unsicherheit verständlich, die Beethoven-Forscher bei dem Versuch überkommen muss, die komplexen Zusammenhänge innerhalb des Beziehungsdreiecks Beethoven-Napoleon-Eroica detailgenau zu rekonstruieren. Zum anderen wird deutlich, dass es Beethoven angesichts der Drucklegung seiner neuen Sinfonie keineswegs nur um so hehre Fragen wie die Rolle Napoleons geht; vielmehr sind ihm auch Hinweise zu Notation und Aufführungspraxis so wichtig, dass sie das Eingangsportal der Stichvorlage ›verunzieren‹ dürfen. Das bedeutet drittens: Ganz anders als dem ›Kalligraphen‹ Wagner ist Beethoven sein eigenes Schriftbild herzlich gleichgültig, sofern er nicht an hochstehende Personen schreibt; ansonsten geht es ihm allein um das jeweilige Intentionat des in Buchstaben oder Noten Geschriebenen. Doch wehe, Kopist oder Stecher missdeuten diese Intentionen! Dann drohen ihnen grobe Beschimpfungen: Ein Genie will sich gegebenenfalls auch aufgrund von Hieroglyphen verstanden wissen (Gesellschaft der Musikfreunde Wien, A 20. Mediennr. 00462476, © IMAGNO/Erich Lessing.)

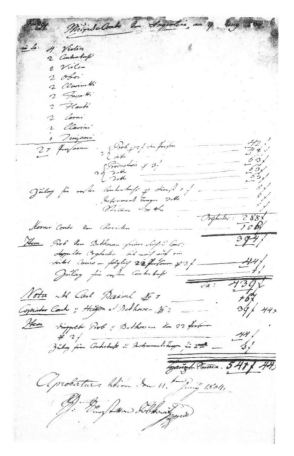

Rechnung von Anton Wranitzky, Kapellmeister des Fürsten Lobkowitz, über Auslagen im Zusammenhang mit Probeaufführungen im Wiener Palais Lobkowitz im Frühjahr 1804. Die Erwähnung eines 3. Horns weist deutlich auf die *Eroica* hin. Honoriert werden gemäß dieser Aufstellung 22 eigens zu diesem Zweck engagierte Musiker. Um die tatsächliche Besetzungsstärke abschätzen zu können, muss man die 5 bis 7 etatmäßigen Instrumentalisten der Lobkowitz'schen Hauskapelle hinzurechen. Die definitive Streicherbesetzung besteht in diesem Fall somit aus 6 bis 7 Violinisten, 3 bis 4 Bratschisten, 2 Violoncellisten und 2 Kontrabassisten. Das ist eine auch für damalige Wiener Verhältnisse recht spärliche Besetzung. Jedoch darf man sich auch die nachfolgende Wiener *Eroica*-Uraufführung nicht so üppig besetzt vorstellen, wie dies für Paris oder London belegt ist. (Lobkowitzisches Rechnungsarchiv, Wiener Hauptkassa 1804, Nr. 254)

SINFONIE NR. 3, ES-DUR OP. 55, EROICA

Offiziell uraufgeführt am 7. April 1805
im Theater an der Wien

Beethoven gibt sich mit dem Hoffnungsschimmer, den er gegen Ende der *Zweiten* an den Horizont gezaubert hat, offensichtlich nicht zufrieden: Er ist der Menschheit eine *ganz* von Hoffnung getragene Sinfonie schuldig – die *Eroica*. Gleichviel, ob er diese in zeitlicher Nähe zur *Zweiten* skizziert hat, oder ob ihm der Plan einer *Napoleon*-Sinfonie von dem französischen Gesandten in Wien gar schon 1798 angetragen worden ist: Ganz zu Recht ist sie im Zyklus der Beethovenschen Sinfonien erst an dritter Stelle platziert, denn sie geht einen »neuen Weg«, der sie von der *Ersten* und der *Zweiten* deutlich unterscheidet.

Den Erinnerungen Carl Czernys ist zu entnehmen, dass Beethoven »um das Jahr 1803« mit seinen bisherigen Arbeiten so »wenig zufrieden« war, dass er einen »neuen Weg« einzuschlagen beschloss. Czerny hat die »teilweise Erfüllung« dieses Entschlusses in den Klaviersonaten op. 31 zu erkennen geglaubt.[90] Da das op. 31 – entgegen Czernys Erinnerung – bereits 1801/1802 komponiert worden ist, spricht freilich nichts dagegen, auch die zu großen Teilen 1803 komponierte *Eroica* sowie die kaum später projektierte *Fünfte* in den Blick nehmen. Bei einem so zielstrebig denkenden und handelnden Komponisten wie Beethoven müsste es überraschen, wenn er bei seinem »neuen Weg« nur an einige Klaviersonaten gedacht hätte, welche den Pianisten Czerny natürlich besonders interessieren mussten. Vielmehr geht es um Denkfiguren, die eine ganze Schaffensperiode bestimmen werden. Der Musikforscher Carl Dahlhaus sah deren Niederschlag vor allem in der Tendenz, »die musikalische Form in einem emphatischen Sinne als Prozeß, als drängende, unaufhaltsame Bewegung« erscheinen zu lassen.[91]

Diese Deutung ist plausibel, sofern sie nicht unterstellt, Beethoven habe bis dahin nur wenig Sinn für prozesshaftes Komponieren erkennen lassen, vielmehr annimmt, es habe in dieser Hinsicht einen neuen Schub gegeben. Ein solcher Schub lässt sich jedoch nicht nur als kompositonstechnischer Vorgang verstehen: er hat vielmehr umfassendere Ursachen. Nicht von ungefähr stammt das *Heiligenstädter Testament* aus der Zeit des »neuen Weges« – jenes bekenntnishafte Dokument, in dem der unter seiner Ertaubung Leidende feststellt, er sei »schon in [seinen] 28 Jahren gezwungen Philosoph zu werden«: Der ob seines »harten Schicksals« von der Welt und ihren Freuden mehr und mehr abgeschnittene Künstler kann sein Heil nur in einer Kunst finden, in der sich die Erhebung über dieses Schicksal mit dem Appell an das Höhere und Bessere im Menschen verbindet.

Will ein Komponist im Medium der Musik philosophische Diskurse führen, so gelingt dies kaum ohne die Überwindung von Gattungskonventionen, die eine Sinfonie auf bestimmte Formschemata festlegen. Insofern ist der von Dahlhaus beobachtete Zuwachs an prozesshaftem Denken in der Tat ein wichtiges Kennzeichen des »neuen Weges«. Es geht jedoch um mehr: Die Dynamisierung der Form dient einer Dynamisierung des Ideengehalts, der wirkungsmächtiger als bisher vermittelt werden soll. Was die *Eroica* betrifft, sind hier drei Spuren zu verfolgen: diejenige der Titelgebung, diejenige des Selbstzitats und diejenige der Gestaltung des Werks als Finalsinfonie.

Von der ersten Spur war schon die Rede: Im August 1804 teilte Beethoven den Verlegern Breitkopf & Härtel mit: »die *Simphonie* ist eigentlich betitelt *Ponaparte*«.[92] Dementsprechend enthält die überprüfte Partiturabschrift im Besitz der Gesellschaft der Musik-

freunde den später ausgekratzten Eintrag »intitolata Bonaparte«
sowie den eigenhändigen Zusatz Beethovens »geschrieben auf Bonaparte«.[93] Nach einer auf Ferdinand Ries zurückgehenden Erinnerung soll Beethoven das Titelblatt der heute verschollenen Originalpartitur mit der Widmung an Napoleon später zerrissen haben – als
Reaktion auf die Nachricht, dieser habe sich am 2. Dezember 1804
in Gegenwart des Papstes selbst zum Kaiser gekrönt. Das erscheint
plausibel, schließt freilich – wie erwähnt – nicht aus, dass Beethovens Geste *zugleich* auch taktische Gründe gehabt hat: Der Komponist war für die Komposition der *Eroica* vom Fürsten Lobkowitz
mehr als großzügig bedacht worden und sah deshalb die Gelegenheit als günstig an, das Werk anstatt Napoleon seinem Mäzen Lobkowitz zu widmen.[94]

Solche Überlegungen sind freilich nicht nur spekulativ, sondern
auch zweitrangig angesichts der nicht zu bestreitenden Tatsache,
dass Beethoven seine Sinfonie zum Zeitpunkt der Komposition mit
der historischen Gestalt Napoleons hatte in Verbindung bringen
wollen – was sich wiederum gut mit der Vorstellung eines »neuen
Weges« in Einklang bringen lässt: Beethoven will, was den Ideengehalt seiner Werke angeht, zum einen konkreter werden; zum anderen sollen sie womöglich mehr Heldenhaftigkeit à la Napoleon aus-
strahlen.

Damit fällt Licht auf die zweite Spur, auf das Selbstzitat. Be-
kanntlich stammt das Hauptthema des *Eroica*-Finales aus dem Finale zu der in den Jahren 1800/1801 aufgeführten Ballettmusik
Die Geschöpfe des Prometheus op. 43. Die Gattung des *Heroischen
Balletts* wurde damals als wichtige Möglichkeit verstanden, leitende
Ideen der Zeit in eine künstlerisch attraktive Form zu bringen. Mit
dem Prometheus-Stoff hatte sich Ballettmeister Salvatore Viganò
ein zentrales Sujet gesucht: Der geniale Einzelne – verkörpert durch
den Titanen Prometheus – befreit sich von der Bevormundung
durch die Götter und formt ein Geschlecht freier Menschen. Zen-
tral war dieses Thema, weil damals in künstlerischen Darstellungen

aller Art – von der bildenden Kunst über die Dichtung bis hin zum Ballett – Napoleon als Prometheus der Gegenwart gefeiert wurde. Auch für Beethoven hatte das Thema somit spezielle Aktualität – unabhängig von der Frage, ob er bei der Komposition der Ballettmusik seinerseits an Napoleon gedacht hat oder nicht.

Gibt es eine direkte Linie von der Ballettmusik zur *Eroica* – über das erwähnte Selbstzitat hinaus? Die Musikforscher Harry Goldschmidt, Constantin Floros und – mit besonderem Nachdruck – Peter Schleuning sind dieser Frage nachgegangen und haben mehr oder weniger detaillierte Zuordnungen der Balletthandlung zu einzelnen Sätzen und Episoden der Sinfonie vorgenommen, diese also programmatisch gedeutet.[95] Ihre Arbeiten müssten auch Skeptiker zumindest davon überzeugen, dass Beethoven bei der Komposition der *Eroica* nicht nur – in welchem Maß und Sinn auch immer – an die zeitgeschichtliche Person Napoleons gedacht hat, sondern auch an die mythische Gestalt des Prometheus.

Das aber führt auf die dritte Spur zur Identifizierung des »neuen Weges«: Dieser ist in der Tat durch ein erhöhtes Maß an prozesshaftem Komponieren gekennzeichnet – einer Prozesshaftigkeit freilich, die augenscheinlich im Dienst einer spezifischen transmusikalischen Idee steht. Nur vor diesem Denkhorizont ist es plausibel, dass Beethoven erstmalig – zugleich als gattungsgeschichtliche Neuheit – eine *Final*sinfonie komponiert, also ein Werk, das prozesshaftes Komponieren nicht nur als solches vorführt, sondern zugleich entlang einer ›Erzählung‹, die zwischen Anfang und Schluss eine deutliche Beziehung herstellt. Welcher Art die ›Erzählung‹ ist, können wir aus der Musik selbst zumindest in Umrissen erschließen – im Kontext der Bezeichnung *Eroica*, die Beethoven dem Werk letztlich gab, sowie des schon erwähnten Zusatzes »composta per festeggiare il sovvenire di un grand Uomo«, also: »komponiert zur Feier des Gedenkens an einen großen Mann«.

Beethoven komponiert nicht nur, wie erwähnt, das Finale über ein Finalthema aus seinem *Prometheus*-Ballett; darüber hinaus wählt er als Hauptgedanken des in Es-Dur stehenden Kopfsatzes ein Motiv, das als eine Ur- oder Vorform dieses Finalthemas gelten kann. Diese Ur- oder Vorform erscheint in den ersten Takten der Sinfonie in Gestalt eines fünftaktigen Kurzmotivs, dessen zehnter Ton alsbald dermaßen aus dem Rahmen fällt, dass Richard Wagner gegenüber seiner Gattin Cosima bemerken konnte: »Weißt du, wie die Note der ganzen neueren Musik heißt? Sie heißt *Cis*, es ist das Cis des ersten Themas der Eroica; wer hatte vor Beethoven, wer hat nach ihm diesen Seufzer in der völligen Ruhe eines Themas ausgestoßen?«[96]

Man könnte auch sagen: Das Cis markiert den Anfang des »neuen Weges«, denn es steht für eine typisch Beethovensche Eigenwilligkeit, die sich nicht alsbald aus der der Satzstruktur erklären lässt – solches muss der nachfolgende kompositorische Prozess erst noch einlösen – , die vielmehr zunächst *metaphorisch* zu deuten ist: Es geht um den Widerstand, der dem Themen-Subjekt von Anfang an entgegenschlägt. Bemerkenswert sind die beiden Orchesterschläge, die dem Eintritt dieses vor allem aus naturnahen Dreiklangsbildungen bestehenden Themen-Subjekts vorausgehen: Sie lassen sich als Gesten einer Gewalt deuten, der das sinfonische Ich von Anfang an ausgesetzt ist. Die somit gleich anfänglich ›prophezeiten‹ Konflikte werden sich im Laufe der Durchführung des 1. Satzes im Zeichen geradezu gewalttätig wirkender Klangballungen dramatisch verschärfen. Erst nach dem ›Einspruch‹ einer tröstlichen Stimme – des unversehens wie aus einer anderen Welt eintretenden e-Moll-Themas – darf das Eingangsthema gegen Satzende aufatmen, wenn nicht triumphieren. Jedoch dauert es noch bis zum Finale, ehe es in der aus dem *Prometheus*-Ballett bekannten Gestalt als Kontretanz zu wirklichen Ehren kommt: Nun ist es in vielerlei Variationen zu hören; es erscheint nicht nur im Gewand eines Csárdás, wird vielmehr auch in zwei unterschiedlichen Anläufen fugiert und gegen Ende in Vergrößerung wie auf ein Podest gestellt. Das ist gleichsam die emphatische Wiederauferstehung des Helden, nachdem dieser im 2. Satz, einer mit Motiven französischer Revolutionsmusiken gespickten *Marcia funebre*, schon einmal zu Grabe getragen worden war.

Ein Hörer sollte diese Zusammenhänge kennen, um die Ernsthaftigkeit ermessen zu können, mit der Beethoven in der *Eroica* um die Möglichkeit von Ideenmusik ringt. Zugleich sollte er sein Wissen alsbald wieder *vergessen*; denn letztlich ist die *Eroica* weder eine *Prometheus-* noch eine *Bonaparte-*, sondern eine *Beethoven*-Sinfonie. Der Schweizer Schriftsteller Max Frisch notiert in den »Entwürfen zu einem dritten Tagebuch« den Satz: »Ich bin auf Erfahrungen angewiesen, die mich begrifflich hilflos machen und von daher narrativ.«[97] Das entspricht dem Wunsch des Künstlers, sein Gegenüber möge das, was er zu »erzählen« hat, nicht als Schilderung von Ereignissen verstehen, die sich mühelos begrifflich fassen ließen; vielmehr als Ergebnis von Erfahrungen, die durch ihn hindurchgegangen sind und sich auf diesem Weg in etwas ganz Eigenes verwandelt haben.

In diesem Sinne mag es offenbleiben, wieviel das *einstige* Publikum Beethovens von dem zeitgenössischen Hintergrund seiner Musik mitbekam: Das *heutige* muss sich auf sich selbst verlassen; ihm hilft kein Prometheus und kein Napoleon. Wohl aber hilft ihm das Wissen davon, dass es beim Hören der *Eroica* nicht um die platte Alternative »Wahrnehmen der Struktur versus Eintauchen in diverse Gefühlsbäder« geht, dass vielmehr ein Sinngefüge nachzuvollziehen ist, in dem strukturelle Festlegungen, narrative Momente und persönlicher Ausdruck eng ineinander verwoben sind.

Vorzüglich lässt sich solches an der Durchführung des 1. Satzes zeigen. Wie gesagt, hatten »Durchführungen« in den Anfängen der sogenannten Sonatensatzform die Funktion, von der »Exposition«, die auf der Dominante, also »offen«, endet, auf originelle Art in die Grundtonart und damit zur »Reprise« zurückzuleiten. Die Durchführungen des jungen Mozart sind dementsprechend knapp, die des reiferen Mozart und des späteren Haydn als jeweils eigenständige Satzteile schon recht ausgeprägt: Splitter des in der Exposition vorgestellten thematischen Materials werden neu zusammengefügt, weitreichende harmonische Prozesse in Gang gesetzt usw. Mit anderen Worten: Im Mittelteil des Satzes entwickelt der Komponist nunmehr eine Dramatik, welche die Hörer den nachfolgenden Einsatz der Reprise als ebenso angenehme wie notwendige Beruhigung erfahren lässt. In seinen beiden ersten Sinfonien verfolgt Beethoven die gleiche Spur, um sich danach – im Sinne des »neuen Weges« – zu fragen: Welchen höheren Sinn könnte diese ganze aufwändige Durchführungs-›Arbeit‹ haben? Die *Eroica* gibt eine mögliche Antwort: Vereinfacht gesprochen, demonstriert ihre Durchführung, wie ein sinfonisches Ich sich mit den Stürmen der Welt heroisch auseinandersetzt. Ziel scheint offenkundig nicht länger – rein formal gesehen – der Repriseneintritt zu sein, sondern – inhaltlich definiert – der Eintritt in jene versöhnliche Sphäre, die das hymnische e-Moll-Thema ausbreitet.

Das bedeutet freilich nicht, dass Beethoven hier etwas von seinem Anspruch zurücknähme, als Meister konsequenter Strukturarbeit aufzutreten. Selbst das wie aus einer anderen Welt stammende e-Moll-Thema ist ebenso vorausschauend wie unmerklich vorbereitet. Kann man Ausgewogenheit auch einem Finale bescheinigen, das schon den Zeitgenossen erhebliche Probleme bereitete? Zum größeren Teil besteht es aus Charaktervariationen, die dazu dienen, dem *Prometheus*-Thema zum definitiv würdigen Auftritt zu verhelfen. Die einzelnen Variationen könnten den »festlichen Tänzen« entsprechen, mit denen das Ballett schließt. Indessen bleiben manche Fragen offen. Theodor W. Adorno nannte das Finale schlicht »ausgerutscht«, was allerdings jedem »Esel« auffalle.[98] Ein hartes Urteil. Immerhin ließ sich bereits der preußische Prinz Louis Ferdinand das Werk anlässlich einer privaten Vorauführung auf dem böhmischen Sommersitz des Fürsten Lobkowitz der Überlieferung nach dreimal (!) hintereinander vorführen: So viele Rätsel gab das Werk, das bei Ausführung aller verlangten Wiederholungen eine

volle Stunde dauert, selbst dem von Beethoven geschätzten Liebha-
ber-Komponisten auf!

Rätsel bereitet das Werk auch dem Spezialisten. Ist zum Beispiel
die Tonfolge b-a-c-h, wie sie sich etwa an einer kontrapunktisch
kniffligen Stelle der Durchführung des 1. Satzes (T. 244-246) –
allerdings auf zwei Stimmen verteilt – findet, bloßer Zufall, oder
eine versteckte Huldigung an Bach?[99] Will sich der entschlossene
Neuerer Beethoven unterschwellig als genuiner Erbe Bachs positio-
nieren – desgleichen im Finale, wo das »Prometheus«-Thema unter
anderem wie ein Bach-Choral in Pfundnoten vorgetragen wird?

Überblickt man die *Eroica* aus der Vogelperspektive, so findet
man in ihr alle ›großen‹ Themen versammelt, welche die deutsche
Sinfonik des 19. Jahrhunderts fortan beschäftigen werden: Natur,
Erhabenheit, Kampf, Gewalt, Einsamkeit, Trauer, Zuspruch ›von
oben‹, Festlichkeit, Triumph. Auch strukturell ist sie von kaum wieder erreichter Vielfalt. Nicht von ungefähr nahm Arnold Schönberg
sie in seinem Kompositionsunterricht als herausragendes Muster. Er
selbst lernte laut *Stil und Gedanke* aus der *Eroica*, »wie man Eintö-
nigkeit und Leere vermeidet, wie man aus Einheit Mannigfaltigkeit
erzeugt, wie man aus Grundmaterial neue Formen schafft; wieviel
aus oft ziemlich unbedeutenden kleinen Gebilden durch geringfü-
gige Modifikationen, wenn nicht durch entwickelnde Variation zu
machen ist«[100]. Perspektivenreichtum, ein Höchstmaß an Nanciert-
heit und doch »immer das Ganze vor Augen«[101] – diese Quadratur
des Kreises ist Beethoven mit der *Eroica* auf eindrucksvolle Weise ge-
lungen. Nicht im Sinne einer Perfektion, die es in hochambitionier-
ter Kunst niemals geben kann, wohl aber in Gestalt einer Einladung,
das Werk weiterzudenken, es in einen virtuellen Raum zu verlängern,
der die Antwort zu dem bereithält, was die Komposition selbst noch
offenlässt. Der kolumbianische Denker Nicolás Gómez Dávila notiert in seinen Aphorismen: »Jeder Künstler bleibt ein paar Schritte
vor dem unsichtbaren Ziel stehen.«[102] Und von Bertolt Brecht
stammt der Satz: »Die Widersprüche sind unsere Hoffnung!«[103]

Mit dem »grand Uomo«, zu dessen Gedenken Beethoven die *Eroica* laut Partiturdruck letztendlich komponiert hat, ist nach Peter Schleunings Vermutung jener kurz vor dem Erscheinen der Notenausgabe im Kampf gegen Napoleon gefallene Prinz Louis Ferdinand gemeint, der sich, wie erwähnt, die Sinfonie auf dem böhmischen Landsitz des Fürsten Lobkowitz offenbar dreimal nacheinander hatte vorspielen lassen. Jedoch ist zu erwägen, ob es sich bei dem »grand Uomo« nicht zugleich nach wie vor um Napoleon handeln könnte – nicht um den *leibhaftigen* Napoleon, der sich durch seine Selbstkrönung zum Kaiser auch bei Beethoven ins Unrecht gesetzt hatte, sondern um seine *Idealgestalt.* Zwar muss Bonaparte als *real geschichtlicher* Hoffnungsträger nach dem verstörenden Ereignis der Selbstkrönung zu Grabe getragen werden, wie es in der *Marcia funebre* metaphorisch geschieht; als *symbolische Lichtgestalt* und Prometheus seiner Zeit darf er jedoch im Finale seine Auferstehung feiern. Soll man – ganz von fern – sogar an den Komponisten selbst denken, der ja kurz zuvor im *Heiligenstädter Testament* intensiv mit der Vorstellung einer leiblichen *mortificatio* und einer ideellen *vivificatio* gespielt hatte?

Die rechts wiedergebenen frühen Ideen zum Finale der 4. Sinfonie sind die einzigen erhaltenen Skizzen zu diesem Werk überhaupt. Sie sind im oberen Drittel einer ansonsten freien Notenseite notiert und stammen von Mai/Juni 1804 – also aus einer Zeit, in der Beethoven vorrangig mit dem *Fidelio* beschäftigt war. Demgemäß dokumentiert die insgesamt drei Blätter umfassende Skizzeneinheit, welcher der obige Auszug entnommen ist, vor allem die Arbeit am *Fidelio*: Es finden sich Skizzen zum Duett Marzelline – Jaquino sowie Exzerpte von Gesangspartien aus Mozarts *Zauberflöte* und Cherubinis *Wasserträger*. Letztere dienten Beethoven offensichtlich als Muster einer gelungenen Behandlung von Singstimmen.

Ob Beethoven um die Mitte des Jahres 1804 schon ernsthaft mit der 4. Sinfonie befasst war, die er erst zwei Jahre später abschloss, lässt sich nicht mehr feststellen. Bereits in jüngeren Jahren beschäftigten ihn mehrere Projekte gleichzeitig: Offenkundig benötigte seine schöpferische Fantasie ausgedehnte Versuchsräume, in denen sich Gedanken wie freischwebende Elementarteilchen aufhalten ›durften‹, um sich auf womöglich unvorhergesehene Weise zu einer kritischen Masse zu verfestigen.

Die der 4. Sinfonie geltenden Notenzeilen geben eine kleine Probe der Schwierigkeiten, die den Skizzenforscher erwarten: Oft stößt er auf erste Einfälle, die einem bestimmten Werk nur schwer zuzuordnen sind; oft fällt die Entzifferung schwer. Dabei ist der vorliegende Fall noch vergleichsweise harmlos: Auch der Nichtspezialist erkennt in der obersten Zeile die kokett nachschlagende Violinfigur aus Takt 70 ff. des Finales. Es ist weder zu belegen noch auszuschließen, dass diese Figur von Anfang an ›im Gespräch‹ war, obwohl sie im Satzganzen nicht gerade eine Hauptrolle spielt. (Beethoven-Haus Bonn, Sammlung Bodmer, HCB BSK 17/65 a, Blatt 2v)

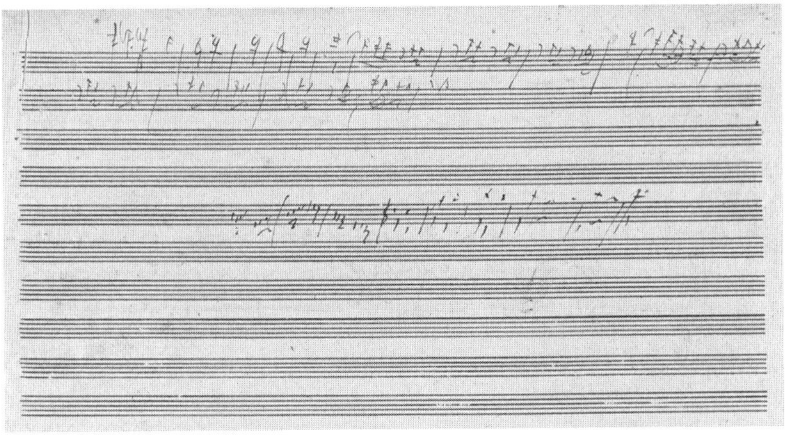

Titelseite des ersten Partiturdrucks der 4. Sinfonie. Dieser Druck erschien erst 1823 bei Simrock, Bonn und Köln (Beethoven-Haus Bonn, C 60/1)

SINFONIE NR. 4, B-DUR OP. 60

Uraufgeführt im März 1807
im Wiener Palais Lobkowitz

Wenn ein wenig Spekulation gestattet ist: Als Beethoven die bis in die Jahre 1803/1804 zurückreichenden Arbeiten an der *Fünften* zurückstellte, um zunächst die *Vierte* zu komponieren, könnte er so gedacht haben: ›Erst muss ich mich als Komponist noch einmal in meiner ganzen Rätselhaftigkeit und Kompliziertheit zeigen dürfen, ehe ich ein monumentales Werk präsentiere, in dem das schwierige Subjekt ganz in der großen Sache aufgeht!‹

Diese Haltung zeigt sich bereits darin, dass sich die *Vierte*, die insgesamt voller »Avantgardismen«[104] steckt, neuerlich mit der Problematik des Anfangens auseinandersetzt. Schon mit den langsamen Einleitungen der beiden ersten Sinfonien hat Beethoven unmissverständlich deutlich gemacht, dass es mit einem lediglich achtungsgebietenden Auftakt, wie er für höfische Dur-Sinfonien typisch ist, nicht länger getan ist; dass es vielmehr außergewöhnlicher Anstrengungen bedarf, um den Schöpfungsakt ›Sinfonie‹ glaubhaft in Gang zu setzen. In der *Vierten* kommt jedoch ein weiteres Moment hinzu: Der Komponist nimmt den Hörer nicht weiterhin bei der Hand, um mit ihm gemeinsam das Tor zum Werk aufzuschließen; vielmehr lässt er diesen Hörer in der *Adagio*-Einleitung an seinem Tasten und Herumtappen teilhaben. Man kann nämlich nicht behaupten, die 38 Takte der Einleitung führten stringent auf den mit *Allegro vivace* überschriebenen Hauptsatz hin; eher ist diese Einleitung von einer inneren Unruhe geprägt, die sich vor allem in der extravaganten Harmonik zeigt: Diese beschreitet nicht nur Umwege, wie sie traditionell der Spannungssteigerung dienen, sondern geradezu Irrwege. Nachdem in den ersten 18 Takten ein diffuses, nicht recht vom Fleck kommendes B-Moll regiert hat, deutet Beethoven den Ton *ges*, also die kleine Sext in b-Moll – enharmonisch zu *fis* um, also zur Quinte von h-Moll. Ist schon h-Moll im Sinne der Harmonielehre meilenweit von b-Moll entfernt, so staunt der Kenner noch mehr, wenn er nachvollzieht, dass Beethoven danach nicht etwa zielstrebig die Haupttonart B-Dur ins Visier nimmt, sondern ganz kurz vor Toresschluss, d. h. vor Beginn des Allegro-Hauptsatzes, in A-Dur landet. Da endlich geschieht das »Schöpfungswunder«: Binnen sieben Takten schafft es der Komponist, den Übergang in das B-Dur des Hauptsatzes zu finden, indem er a zur Terz von F-Dur umdeutet und diese damit zur Dominante von B-Dur.

Ein sonst eher nüchtern urteilender Musikforscher hat vom nachfolgenden Eintritt des *Allegro vivace* als von einem derjenigen Augenblicke in Beethovens Musik gesprochen, »die uns den Atem verschlagen«[105]. Ich selbst habe zur Schilderung dieses *Imprévu* ein pathetisches Bild – nämlich das eines Schöpfungsaktes – gewählt, den Vorgang jedoch auch mittels einiger ›kleinkarierter‹ Fachtermini beschrieben. Doch anderes ist im Falle Beethovens gar nicht möglich: Da geht es immer um das große Ganze und *zugleich* um eine Kunst, die der minutiösen Ausarbeitung bedarf. Das ist wie in der Natur: Es gibt eine Fernsicht für den Philosophen und eine Nahsicht für den Wissenschaftler. Dazwischen pendeln die Liebhaber – Leute, die weder hier noch da ganz zuhause sind, die aber dennoch wertschätzen können – obwohl oder gerade weil sie im fachlichen Sinne nicht alles nachvollziehen.

Die Zeitgenossen haben ja auch nicht alles verstanden. So unterzog der damals 23jährige Carl Maria von Weber die *Vierte* seines 14 Jahre älteren Kollegen Beethoven zwei Jahre nach der Wiener Premiere von 1807 im *Morgenblatt für gebildete Stände* einer recht spöttischen Kritik. Speziell über die Einleitung, die Franz Schubert sich wohl nicht zufällig in Teilen abschrieb, heißt es dort: »Erstens, ein langsames Tempo, voll kurzer abgerissener Ideen, wo ja keine mit der anderen Zusammenhang haben darf, alle viertel Stunden drei oder vier Noten – das spannt! Dann ein dumpfer Paukenwirbel und mysteriöse Bratschensätze, alles mit der gehörigen Portion Generalpausen und Halte geschmückt; endlich, nachdem der Zuhörer vor lauter Spannung schon auf das Allegro Verzicht getan, ein wütendes Tempo, in welchem aber hauptsächlich dafür gesorgt sein muß, daß kein Hauptgedanke hervortritt und dem Zuhörer desto mehr selbst zu suchen übrig bleibt«. Webers ironische Quintessenz lautet: »Man vermeide alles Geregelte, denn die Regel fesselt nur das Genie.«[106]

Zwar kleidet Weber seine Kritik in eine als Albtraum aufgemachte Groteske, die in der Beschreibung kompositionstechnischer Details recht unzuverlässig ist; gleichwohl protestiert er durchaus ernsthaft gegen eine Tonkunst, welche die »Klarheit und Deutlichkeit« der alten Meister durch eine ex- und egozentrische Attitüde ersetze.

Bis ins 21. Jahrhundert vorgedrungen, hat die musikalische Kunst so viele Volten geschlagen und so viele *Imprévus* erlebt, dass den Konzertbesucher ein Anfang nach Art der *Vierten* nicht mehr vom Sitz reißt. Es wäre gleichwohl zu wünschen, dass man nicht nur den Beginn der *Vierten*, sondern die ganze Sinfonie mit unverbrauchten Ohren hörte. Erst dann wäre wahrnehmbar, wie kapriziös Beethoven in diesem Fall arbeitet: Das hat nicht die große Linie der *Eroica*, auch nicht die rhetorische Durchschlagskraft der *Fünften*, wirkt vielmehr – sofern man genau hinhört – selbstbezüglicher, als man es vom Sinfoniker Beethoven gewohnt ist: Es gibt eine ganze Reihe von Eigentümlichkeiten, die sich nicht ohne weiteres in ein Gesamtkonzept einordnen lassen, man verstehe dieses strukturell oder narrativ. Da ist zum Beispiel der in B-Dur leiterfremde Ton *ges*, der nicht nur in der langsamen Einleitung, sondern auch in den anderen Sätzen an Schlüsselstellen auftaucht. Dazu zählt auch die solistische Behandlung der Pauke in einem *Adagio*-Satz, der generell durch seinen unendlich langen Atem auf sich aufmerksam macht. Auffällig ist auch die Vorzugsstellung des Fagotts, dessen vermeintlich verfrühter Repriseneinsatz im Finale wegen des geschwinden Tempos manchem Spieler den Schweiß auf die Stirne treibt.

Man kann mit Hermann Kretzschmars traditionsreichem *Führer durch den Konzertsaal* an das charakteristische Helldunkel, an den zögernden Aufbau mancher Melodien, an das lange Verharren auf bestimmten Harmonien, an die versteckte Einmischung von Dissonanzen denken.[107] Man mag ferner mit dem zeitgenössischen Dirigenten Michael Gielen auf das »erschütternde Ereignis«, auf die »Kraft der Negation« zu Beginn der Reprise des *Adagios* sprechen: Das sei wie ein »Gang in die Unterwelt«, dem jedoch alsbald ein »sanftes Gleiten« folge, »als ob, nach einer Todeserfahrung, die Seele in einem Niemandsland warte und frage, was nun sei, ob wir in den Himmel kommen oder ob wir reinkarnieren?«[108] Fazit: Für den, der Ohren hat zu hören, ist die sehr differenziert argumentierende *Vierte* alles andere als ein Aufgalopp zur affirmativen *Fünften*, sondern Beethoven pur – jedoch ein Beethoven, dessen Feuer nicht in großer Flamme abbrennt, sondern das in vielen kleineren Flammen züngelt. Diese liebevoll zu würdigen, würde die vorliegende Darstellung mit analytischen Details überfrachten und muss deshalb an ausführlichere Einzeldarstellungen delegiert werden.

Erste Seite des Erstdrucks der Violinstimme von Beethovens 5. Sinfonie, erschienen April 1809 bei Breitkopf & Härtel, Leipzig. Dass es sich um ein Exemplar »ante correcturam« handelt, ist daran zu ersehen, dass die Verlängerung des Eingangsmottos auf fünf statt vier Takte noch nicht berücksichtigt ist. Zeitüblich sind die Stichnoten, die dem Konzertmeister das Dirigat aus seiner Violinstimme erleichtern. (Beethoven-Haus Bonn, C 67/44)

Skizze zum Kopfmotiv der 5. Sinfonie nebst Übertragung: Der prägnante Anfang stand in diesem Stadium der Komposition noch keineswegs fest. (Staatsbibliothek zu Berlin Preußischer Kulturbesitz, Musikabteilung mit Mendelssohn-
Archiv, Mus. ms. autogr. Beethoven 19 e, Bl. 32v)

SINFONIE NR. 5, C-MOLL OP. 67

Uraufgeführt am 22. Dezember 1808
im Theater an der Wien

Nun soll es mit dem Tasten und Suchen, mit dem Irrlichtern und Problematisieren, mit den Finten, auch mit allzu komplizierter motivisch-thematischer Arbeit bis auf weiteres ein Ende haben. Auch die Story soll einfach sein: Hier die Mächte, dort das schwache Ich, am Ende der alles verschlingende Sieg.

Unlängst ist plausibel dargelegt worden, dass Beethoven den von seinem Schüler Anton Schindler überlieferten Ausspruch »So pocht das Schicksal an die Pforte« tatsächlich getan, ihn jedoch in erster Linie als drastischen Hinweis auf die von ihm intendierte Art der *Ausführung* verstanden hat. Demzufolge habe Beethoven dazu auffordern wollen, das von Fermaten begrenzte Klopfmotiv zu Anfang und an einschlägigen weiteren Stellen betont langsam zu nehmen und damit vom übrigen Geschehen deutlich abzuheben.[109] Solches würde dafür sprechen, dass dem Komponisten die déjà-vu-Erfahrung des Klopfens, die der Hörer machen sollte, *über* die Vorstellung eines sich autonom entwickelnden motivisch-thematischen Prozesses ging. Auch das seinerseits von Fermaten umschlossene Oboen-Solo im Schnittfeld von Durchführung und Reprise des 1. Satzes ist nur zu verstehen, wenn man es – gleich dem Klopfmotiv – als ein exterritoriales Wahrzeichen versteht, das vom Hörer auch als solches gedeutet werden soll: Der einsam-klagende Ton der Oboe steht für einen menschlichen Seufzer und erinnert darin an das eigene Ich. So gesehen, korrespondiert das Oboen-Solo mit dem Klopfmotiv, indem es eine – wenn auch nur schwache – Reaktion auf die vom Klopfmotiv entfesselten Gewalten darstellt und bei aller Knappheit unüberhörbaren Einspruch gegen die Zwangsläufigkeit erhebt, mit dem sich das ›Schicksal‹ seine Bahn zu brechen anmaßt.

Letztlich ist es von zweitrangiger Bedeutung, wie der Ausspruch »So klopft das Schicksal an die Pforte« zu verstehen ist. Denn ohnehin hat der herrische Gestus des Klopfmotivs eine lange Tradition: So erscheint er, wie erwähnt, in einem Rezitativ aus Bachs *Weihnachtsoratorium* zu den Worten »Warum wollt ihr erschrecken?«; und in der Klavierbegleitung zu Schuberts Lied *Der Tod und das Mädchen* dient er zur Kennzeichnung des Schreckens, den der »wilde Knochenmann« dem Mädchen einjagt. Bachs und Beethovens Zeitgenossen waren mit diesem Topos somit wohlvertraut. Nicht von ungefähr spricht Adolf Bernhard Marx angesichts der *Fünften* schon zu Lebzeiten Beethovens vom »Ringen eines kräftigen Wesens gegen ein fast übermächtiges Geschick«[110]. Dazu passen die Worte, die Goethe der Titelfigur seines Trauerspiels *Egmont*, zu dem Beethoven wenig später die Schauspielmusik komponieren wird, im 2. Akt in den Mund legt: »Wie von unsichtbaren Geistern gepeitscht, gehen die Sonnenpferde der Zeit mit unsers Schicksals leichtem Wagen durch; und uns bleibt nichts, als, mutig gefaßt, die Zügel festzuhalten.«

Während der 1. Satz der *Fünften* auch durch seine kompromisslose motivisch-thematische Einheitlichkeit Momente des Innehaltens oder Ausruhens – von der Oboenstelle abgesehen – nicht zulässt, beginnt das nachfolgende *Andante con moto* mit geschlossenen, liedhaften Formbildungen. Doch auch in diesem Satz verwandelt sich Beschaulichkeit rasch in Energie: Erst intonieren nur die Klarinetten und Fagotte, dann auch die Blechbläser eine zeremoniell, fast militärisch klingende Fanfare, die den sieghaften Gestus des Finales vorwegnimmt. Auch fehlt es dem *Andante* nicht an drohenden Untertönen, in denen das Klopfmotiv des Kopfsatzes anklingt.

Dass wir noch auf dem Weg sind, zeigt das *Scherzo*, das in dem –
uns aus der *Vierten* wohlbekannten – Modus des Suchens und Tas-
tens einsetzt: Im Pianissimo und Unisono tragen die Celli und
Bässe eine ›Frage‹ vor, die vom vollen Chor der Instrumente aufgenommen wird. Diese Frage wird alsbald selbstbewusst beantwor-
tet – mittels eines Fanfarenmotivs, dessen Rhythmus mit dem des
Klopfmotivs zwar keineswegs identisch ist, jedoch denselben drän-
genden Gestus aufweist. Das als *Fugato* geformte *Trio* hat Robert
Schumann nicht von ungefähr als Ausdruck Beethovenschen Humors betrachtet[111]: Das Große und Erhabene erscheint erst dort
wirklich groß und erhaben, wo ihm das Kleine und Verspielte an die
Seite gestellt wird.

Doch solche Verspieltheiten reichen Beethoven als Vorbereitung
des glanzvollen Finales nicht aus. Vielmehr bedarf es der berühmten, wie improvisiert wirkenden Überleitung vom *Scherzo* ins *Finale*
– nach einem Bonmot von Louis Spohr das einzig Geniale an dieser
Sinfonie –, um den definitiven *éclat triomphal* des Finales zu recht-
fertigen. *Éclat triomphal:* Der Ausdruck stammt aus der französischen »Schreckensoper« dieser Jahre und steht, mit den Worten
Karl H. Wörners, für den »heroisch-leidenschaftlichen Gestus, die
vorwärtsstürmende Intensität, die atemlose Steigerung und den tri-
umphierenden Zug als neue Qualitäten der Musik im ›revolutionären‹ Zeitalter«.[112]

Da zerschlägt Beethoven auf eine auch für ihn selbst einzigartige
Weise den gordischen Knoten: Gegen die Macht des Schicksals vermag sich das einzelne Subjekt nicht durchzusetzen; es kann sich nur
den großen Bewegungen der Zeit anschließen und das Bad in einer
jubelnden Menge suchen. Und die besteht in diesem Fall aus dem –
in seiner Rolle idealisierten – Volk der französischen Revolution.
Deren Schlachtruf »la liberté«, der sich mühelos der herausgehobe-
nen Tonfolge c-h-c-d (T. 298 ff.) unterlegen lässt, könnte Beethoven der *Hymne dithyrambique* von Rouget de l'Isle, dem Komponisten der Marseillaise entnommen haben.[113] Auch sonst lässt die

Französische Revolution grüßen: Eigens für den sieghaften Schluss-satz lässt Beethoven Piccoloflöte, Kontrafagott und drei Posaunen ›aufmarschieren‹. Es sind also speziell zur Militärmusik zählende In-strumente, deren Klang den sieghaften Gestus grundiert. Kaum be-darf es da noch der Erwähnung, dass sich das c-Moll des Kopfsatzes zu C-Dur aufhellt – mit aller damit verbundenen Metaphorik.

Man kann bezweifeln, dass der Weg von der bündigen motivisch-thematischen Arbeit des 1. Satzes zum Theatercoup des Finales, der Schritt vom Kampf zum Sieg, von der individuellen Bedrängnis zur kollektiven Befreiung mit letzter kompositorischer und philosophi-scher Stringenz erfolgt – ja, dass dergleichen überhaupt möglich sei. Gleichwohl war das damalige Publikum von dem fast märchenhaf-ten Befreiungsschlag ebenso fasziniert wie es das heutige ist. Das sieg-hafte Finale soll nach dem Bericht des russischen Beethoven-Bio-graphen Alexander Ulibischeff einen alten Grenadier anlässlich einer Pariser Aufführung kurz nach dem Tode Beethovens so mitgerissen haben, dass er »C'est l'Empereur, vive l'Empereur« rief und mit die-ser spontanen Assoziation seinem alten Kaiser huldigte.[114]

Andere haben das heroische Moment der *Fünften* jeweils in ih-rem Sinne gedeutet. So berichtet Richard Wagner über ein von ihm im Revolutionsjahr 1848 geleitetes Dresdner Hofkonzert: »König und Hof waren trübe gestimmt; auf dem ganzen Publikum lastete der düstere Druck einer Ahnung von nahen Gefahren und Umwäl-zungen. [...] Da raunte mir der Geiger Lipinski zu: ›Warten Sie nur – beim ersten Strich der C-Moll ist alles fort!‹ Und richtig: die Sym-phonie beginnt, welches Aufjauchzen, welche Begeisterung!«[115]

Hier genügt schon der aufrüttelnde Beginn des Werks, um das Publikum von seiner depressiven Stimmung zu befreien. Grund da-für ist zwar nicht nur Beethovens spezifische Kunst, sondern auch der mythische Anteil am Wesen von Musik schlechthin: Diese sug-geriert schon durch ihr bloßes Erklingen, dass wir uns im Strom der Töne geborgen fühlen dürfen und dass *alles gut* wird. Doch das allein kann die bis heute weltweit spürbare Begeisterung gerade für diese Sinfonie Beethovens nicht erklären. Es kommen hier zwei Momente zusammen: ein *Kompositionsstil* von kaum zu übertreffender Bündigkeit und eine *Botschaft*, die an die Tiefen menschlicher Erfahrung rührt.

Für absolute Bündigkeit stehen vor allem der Kopfsatz und das Finale. Der Kopfsatz – es ist der kürzeste, den Beethoven für eine Sinfonie komponiert hat – beeindruckt durch die Konzentration des thematisch-motivischen Materials auf das anfängliche Klopfmotiv: Der Satz kennt kaum Nebengedanken und lässt sich auch auf keinerlei Seitenwege ein. Bezeichnender Weise fällt der sogenannte »Seitensatz« als solcher kaum ins Gewicht. Stattdessen herrscht durchgängig eine vorwärtsdrängende Motorik, die bezeichnender Weise ohne Punktierungen, Triolen und Sechzehntelnoten, selbst ohne die für den bisherigen Sinfoniker Beethoven so typischen, weil widerständigen Synkopierungen auskommt: Der Satz soll als eine kontinuierliche Steigerung vernommen werden, der sich – von dem einsamen Oboen-Solo zu Anfang der Reprise abgesehen – nichts entgegenstellt. Ganz anders als etwa in der *Eroica* gibt es keine Widerstände zu überwinden: Der gewaltige Strom der Töne scheint durch nichts aufzuhalten. Demgemäß ist die ›Reprise‹ nicht nur eine weitgehend wörtliche Wiederholung der ›Exposition‹, sondern vor allem eine Straffung des zuvor Formulierten und seine Zuspitzung in Richtung Coda.

Eine andere Art von Bündigkeit zeigt das Finale: Es verzichtet auf motivisch-thematische Einheitlichkeit, reiht stattdessen eine Siegesgeste an die andere. Den Schlusspunkt setzt die Apotheose des zu Anfang des Satzes erklungenen Finalthemas; sie mündet zum Zeichen höchster und allgemeiner Begeisterung in eine reine C-Dur-Klangfläche. Dass man den Satz gleichwohl als Sonatensatz verstehen könnte, geht darüber unter. Kein Wunder, dass Teile der Beethoven-Forschung von »Gemeinplätzen der Militärmusik« und »bedenklicher Volkstümlichkeit« sprachen.[116] Auch für Beethoven-Verehrer Richard Wagner gab es Anlass, sich über das Werk zu wundern. Seine

Frau notierte unter dem 14. Juli 1880 in ihrem Tagebuch: »Richard spricht beim Frühstück von der c-Moll-Symphonie, sagt, er habe viel über sie nachgedacht, es sei ihm, als ob da Beethoven plötzlich alles vom Musiker hätte ablegen wollen und wie ein großer Volksredner auftreten; in großen Zügen hätte er da gesprochen, gleichsam al fresco gemalt, alles musikalische Detail ausgelassen, was noch z. B. im Finale der *Eroica* so reich vorhanden wäre.«[117]

Die Metapher vom Volksredner zielt auf einen der beiden großen gesellschaftlichen Diskurse der Beethoven-Ära, nämlich auf den politischen, dem die Begriffe »Aufklärung«, »Französische Revolution« und »Bonapartismus« zuzuordnen sind. Der andere große Diskurs betrifft das kunstreligiöse Moment. Dem Letzteren lässt sich natürlich nicht nur Beethovens *Fünfte* zuordnen, diese jedoch besonders prominent, weil sie in ihren Ecksätzen ein Kernthema der Religionen in aller Prägnanz anspricht: den schon angesichts der *Eroica* angedeuteten Zusammenhang von *mortificatio* und *vivificatio*, von Sterben-Müssen und Wieder-lebendig-Werden. Fast alle Kulturen kennen die Vorstellung, dass sich der Mensch von seinen Unzulänglichkeiten von Zeit zu Zeit rituell reinigen müsse, um danach neu ins Leben zu treten. Der Protestantismus spricht in diesem Kontext in Anlehnung an Martin Luthers *Kleinen Katechismus* vom alten Adam, der täglich ersäuft werden müsse, um dem neuen Menschen Platz zu machen. Zu den Aufnahmeritualen der zur Zeit Beethovens hochaktuellen Freimaurerei gehört, dass der Prüfling eine »dunkle Kammer« aufsuchen muss, bevor er der Lichterteilung würdig befunden wird. Vor ethnologischem Horizont mag man an den Schamanen denken, der durch den sprichwörtlichen »Tunnel« hindurch muss, um den erstrebten Zustand der Erleuchtung zu erreichen.

Dass schon die Zeitgenossen diese Zusammenhänge gesehen haben, zeigt E. T. A. Hoffmanns Rezension der *Fünften* aus dem Jahr 1810. Der romantische Dichter, der zugleich Komponist und genuiner Musikkenner war, spricht in der Leipziger *Allgemeinen Mu-*

sikalischen Zeitung vom »Reich des Unendlichen«, des »Ungeheuren und Unermesslichen« und davon, dass die Sinfonie »die Hebel des Schauers, der Furcht, des Entsetzens, des Schmerzes« bewege. Das dissonierende C der Pauke in der mysteriös-spannungsvollen Überleitung vom *Scherzo* zum Finale erinnert ihn an eine »Geisterfurcht« erregende, »fremde, furchtbare Stimme«, während der Eintritt des Finales »wie ein strahlendes, blendendes Sonnenlicht« wirke, »das plötzlich die tiefe Nacht erleuchte«. Drastischer kann man den von Mythologie und Theologie immer neu thematisierten Topos »Sterben-Auferstehen« kaum in die kunstkritische Sprache der Zeit umsetzen. Und gerade weil E. T. A. Hofmann es nicht bei blumigen Metaphern belässt, sondern zugleich anhand vieler Notenbeispiele die »innere Structur« und die »innige Verwandtschaft der einzelnen Themas untereinander« verdeutlicht, weiß er zugleich das musikhandwerkliche Verfahren zu würdigen, das »jene Einheit« zu erzeugen vermag, »die des Zuhörers Gemüth in *einer* Stimmung festhält«[118].

Kunstwerke von globaler Akzeptanz zeichnen sich womöglich durch eine Bündigkeit aus, die sich gleichermaßen auf Form und Inhalt erstreckt und dementsprechend die Vorstellung »so und nicht anders« suggeriert. Jedenfalls trifft solches auf Beethovens *Fünfte* zu: Deren Dynamik ist nicht nur strukturell begründet, sondern auch in der ›Botschaft‹, die mit dem Motto ›Durch Nacht zum Licht‹ zwar höchst plakativ, jedoch nicht untriftig umrissen ist – wobei nicht genug betont werden kann, dass es ungezählte Kunsterzeugnisse gibt, auf die ein solches Motto zutreffen könnte, aber nur *eine* Sinfonie von Beethoven.

Eine Seite aus der autographen Partitur der *Pastorale* op. 68 mit der »Scene am Bach«. Beethoven weist den Kopisten Joseph Klumpar an, die Wörter »Nachtigall«, »Wachtel« und »Kuckuck« in den jeweiligen Bläserstimmen an der entsprechenden Stelle zu notieren. (Beethoven-Haus Bonn, BH 64, Blatt 67v)

Noch einmal die autographe Partitur der *Pastorale*, wiederum die »Scene am Bach«, aber drei Seiten weiter: Eine zunächst gestrichene Partie erklärt Beethoven mit dem Vermerk »bleibt« für gültig. Mit Seiten wie dieser hatte auch ein von Beethoven bevorzugter Kopist seine liebe Not, zumal es auch zu seinen Aufgaben gehörte, den Komponisten auf kleine Versehen hinzuweisen. (Beethoven-Haus Bonn, BH 64, Bl. 69r)

SINFONIE NR. 6, F-DUR OP. 68, PASTORALE

Uraufgeführt am 22. Dezember 1808
im k. k. Theater an der Wien

»Immer das Ganze vor Augen«: Dieser Ausspruch Beethovens ist
im Blick auf die 5. und 6, Sinfonie von besonderem Belang – vordergründig allein deshalb, weil der Komponist an diesen Schwes-
ternwerken nicht nur gleichzeitig gearbeitet, sondern sie auch in
der gleichen Veranstaltung zur Uraufführung gebracht hat. Dass
die Parallelität weiterreicht, signalisieren wichtige kompositorische
Grundentscheidungen: Beide Kopfsätze sind von einem exterritorialen Motto bestimmt, das durch Fermaten deutlich vom weiteren
motivisch-thematischen Geschehen abgegrenzt wird; und beider
Finale sind als ein Hymnus angelegt, der sich als Konsequenz aus
einer die Sätze suggestiv verbindenden Überleitung gleichsam
zwingend ergibt. Doch damit noch nicht genug: Augenscheinlich
sollen die beiden Sinfonien auch *ideell* ein Ganzes ergeben, indem
sie komplementär den Sinn menschlicher Existenz deuten: Es geht
um die *condition humaine,* um die Existenzialien *Schicksal* und
Natur.

Beide Ideenkreise werden in den exterritorialen Motti zu Anfang
der Sinfonien eindrücklich vorgestellt – in der *Fünften* in Form des
Klopfmotivs, in der *Pastorale* in Gestalt eines seinerseits durch eine
Fermate vom weiteren Geschehen abgehobenen ›Natur‹-Motivs.
Von einem Natur-Motiv darf man aus mehreren Gründen sprechen.
So steht bereits die Tonart F-Dur in langer musikgeschichtlicher

Tradition für die Sphäre des Pastoralen, als Idealbild friedvoller Natur. Das beginnt mit dem *Sommer-Kanon* aus dem 13. Jahrhundert und führt über die *Sinfonia* in Bachs *Weihnachtsoratorium* bis zu der Arie »Der muntre Hirt versammelt nun die frohen Herden um sich her« aus Haydns Oratorium *Die Jahreszeiten* und weiter zu der *Scène aux champs* aus Hector Berlioz' *Symphonie fantastique*. Ein Schweizer Naturforscher des 19. Jahrhunderts meint beobachtet zu haben, dass sogar in den akustischen Eindrücken von Wasserfällen und anderen schweizerischen Gewässern das F der großen Oktave und über ihm der Deiklang c-e-g regelmäßig in Erscheinung träten; er verweist dabei ausdrücklich auf das Anfangsmotto von Beethovens *Pastorale*, wo der Dudelsackquinte f-c ein C-Dur-Dreiklang folgt.[119]

Man mag das als Kuriosität abtun, kann jedoch die Existenz der Dudelsackquinte als solcher nicht leugnen und auch nicht überhören, dass die Melodie des Mottos nicht nur den Gesetzen naturnaher Pentatonik folgt, wie wir sie auch aus dem Lockruf von Papagenos Vogelpfeife kennen; dass diese Melodie vielmehr auch nahezu identisch mit dem serbischen Kindervolkslied *Sirvonja* ist, das um 1880 in einer Sammlung slavischer Volksweisen veröffentlicht wurde, jedoch wesentlich älter sein dürfte.

Unabhängig von der offenen Frage, ob Melodien nach Art von *Sirvonja* schon zu Beethovens Zeit umgingen, ist nicht zu überhören, dass der Komponist in der *Pastorale* auf eine *spezifische* Idee von Natur setzt, die sich, wie in dem serbischen Kinderlied, gleichsam lokalisieren lässt. Und das, obwohl es in den Erinnerungen seines Schülers Ferdinand Ries heißt: »Beethoven dachte sich bei seinen Compositionen oft einen bestimmten Gegenstand, obschon er über musikalische Malereien häufig lachte und schalt, besonders über kleinliche der Art. Hiebei mußten die *Schöpfung* und die *Jahreszeiten* von Haydn manchmal herhalten«[120].

Mit anderen Worten: Beethoven will zwar nicht für Leute schreiben, die – mit Karl Kraus zu reden – sich keinen Beinbruch vorstellen können, ohne dass man ihnen ein Bein beschreibt. Gleichwohl will er *Natur* vorstellen – und dies so deutlich, dass keiner der Hörer zweifeln kann, worum es geht. Waren ihm in dieser Hinsicht *Eroica* und *Fünfte* nicht deutlich genug gewesen?

Er tut sich schwer mit seinem Spagat – nicht weil er an seinem Projekt zweifelte, wohl aber, weil er befürchtet, es könne missverstanden werden. Wie verbale Notate in verschiedenen Skizzenbüchern belegen, ist er zunächst geneigt, auf programmatische Satzüberschriften zu verzichten und die Zuhörer die jeweiligen »Situationen« selbst »ausfinden« zu lassen.[121] Indessen steht außer Frage, *dass* sich eine poetische Idee »ausfinden« lässt, die schließlich doch noch ihren Niederschlag in Satzüberschriften findet, welche die in den Skizzen angedachte Bezeichnung »Sinfonia caracteristica« konkretisieren. Doch zugleich lässt er auf dem Programmzettel der Uraufführung vermerken: »Mehr Ausdruck der Empfindung als Mahlerey«. Und das will besagen: Die zweifellos intendierte »Mahlerey« dient der Darstellung von »Empfindung«. Demgemäß ist der Kopfsatz überschrieben: »Erwachen heiterer Gefühle bei der Ankunft auf dem Lande«, und der Schlusssatz: »Frohe, dankbare Gefühle nach dem Sturm«.

Beethoven wäre freilich nicht Beethoven, wenn er nicht Wert darauf legte, die Quelle der Empfindungen und Gefühle möglichst getreu zu »malen«. Es ist ja nicht nur das Motto des 1. Satzes volksmusikalischen Traditionen abgelauscht; vielmehr erinnert auch der 3. Satz mit der Überschrift *Lustiges Zusammensein der Landleute* an genuine Bauernmusik – bis hin zu dem ›musikalischen Spaß‹ ab Takt 91: Aufgrund eines ›verfrühten‹ Einsatzes der Oboe gerät scheinbar auch noch das Fagott aus dem Konzept. (Umso frappierender ist dann freilich die Sicherheit, mit der beide Blasinstrumente bei der Wiederholung der Phrase ins rechte Gleis zurückfinden!) Schließlich ist auch der *Hirtengesang* des Finales volkstümlichen Traditionen der Alphornmusik nachgebildet und zudem an den naturnahen Zügen des Eingangsmottos orientiert.

Ferner gibt es eine Fülle »malerischer« Freiheiten und Feinheiten. Aus dem 2. Satz, der *Szene am Bach*, stechen nicht nur die in der Partitur eigens angegebenen Stimmen von »Nachtigall« (Flöte), »Wachtel« (Oboe) und »Kuckuck« (Klarinette) hervor. Vielmehr hört man auch – gemäß Beethovens Notat in den Skizzen – den Bach »murmeln«, wobei zum Eindruck eines spezifischen Klangteppichs zwei Solo-Celli beitragen. (Übrigens sind nicht nur diese *con sordino* zu spielen, sondern entgegen der üblichen Praxis auch die Violinen.) Auch im 4. Satz, mit *Gewitter und Sturm* überschrieben, haben die tiefen Streicher eine besondere Funktion: Beethoven lässt eine sich wiederholende schnelle Aufwärtsbewegung in Celli und Bässen zwar jeweils auf dem gleichen Ton beginnen; um einer – geradezu zukunftsweisenden – geräuschhaften Wirkung willen haben jedoch die Bässe Sechzehntel, die Celli Sechzehntel-Quintolen zu spielen, was zu irrationalen Verschiebungen führt.

Erstaunliches geschieht am Ende der *Szene am Bach*: Die Musik scheint zu signalisieren, dass ein Vorhang aufgezogen und Nachtigall, Wachtel und Kuckuck leibhaftig auf der Bühne erscheinen würden – freilich nicht als lebende Wesen, sondern als Figuren eines mechanischen Spielwerks. So jedenfalls sahen es unabhängig voneinander Claude Debussy und Theodor W. Adorno.[122] Man kann den Vorgang aber auch anders deuten: Zum Schluss der Vorstellung werden die Naturstimmen freigelassen, haben den Raum nunmehr ganz für sich; und wir Hörer lauschen ihrem Gesang andächtig wie Kinder, die alles andere um sich herum vergessen. Auch in den folgenden Sätzen der Sinfonie gibt es immer wieder Passagen, in denen die Holzbläser gleich Stimmen aus der Natur sich selbst besingen – »freie Töchter der Natur«, um mit Schillers *Glocke* zu sprechen.

Einzigartig ist die Art der Zeitgestaltung: In der *Pastorale* überlässt es der Komponist gleichsam dieser Natur, wo und wie sie sich ausbreiten will. ›Form‹ geht ganz in dem ›Inhalt‹ auf; und diesen gibt nicht das komponierende Subjekt vor, sondern die Natur

selbst. Treffend bemerkt Peter Gülke, »Syntax« und »Substanz«,
»Sagen« und »Gesagtes« ließen sich nicht voneinander trennen.[123]
Einem frühen Rezensenten der Sinfonie fiel nichts Besseres ein,
als angesichts der vielen »Wiederholungen« eigene Kürzungsvor-
schläge zu machen. Doch Natur *wiederholt* sich nicht – sie verströmt
sich in immer neuen Versionen. Charakteristisch dafür ist die ›Durchführung‹ des 1. Satzes, sofern man an dem hier an sich unpassenden
Fachterminus festhalten will: Hier wird nicht *gearbeitet*, stattdessen
erklingt, aus dem Eingangsmotto gewonnen, 32mal ein und dieselbe rhythmische Spielfigur, freilich in unterschiedlicher harmoni-
scher Schattierung und Instrumentierung. Etwas ganz anderes geschieht in der Durchführung des 1. Satzes der *Fünften*: Dort kann
sich das ›sinfonische Ich‹ am Ende sich steigernder Erschütterungen
gerade einmal einen Seufzer abringen. In der *Pastorale* tritt dieses
›sinfonische Ich‹ weder in aktiver noch in passiver Rolle auf; eher ist
es engagierter *Betrachter* eines Geschehens, in dem die Natur selbst
den Ton angibt.

Solches ist selbstverständlich metaphorisch zu verstehen; denn
das Maß an kompositorischem Kalkül, das Beethoven aufwendet, ist
nicht geringer als im Fall der *Fünften*. Die Dimension der großen
sinfonischen Form, innerhalb derer sich Natur verströmen soll, will
ja realisiert und gefüllt werden! Was vom Hörer als ihr natürlicher
Atem erlebt wird, muss kunstvoll hergestellt werden; wie überhaupt
der Gestus von Natürlichkeit nur glaubhaft ist, wenn er auf einer dafür sorgsam präparierten Folie präsentiert wird. Es verdient höchste
Bewunderung, wie Beethoven eine Tonsprache gelingt, die bei aller
›Natur‹-Nähe weder auf Nuancierungen noch auf die Präsentation
ausgedehnter Spannungsbögen verzichten muss; und wie er das
Gleichgewicht zwischen Erwartbarem und Überraschendem, zwi-
schen Ordnung und Sich-Verlieren, zwischen Ausdehnen und Sich-
Zusammenziehen zu halten vermag.

Das alles hat etwas mit seiner souveränen Behandlung der Form
zu tun: Die Multifunktionalität der einzelnen Bauelemente und die

Elastizität der Struktur verhindern, dass die Narration allzu eindeutig, eindimensional oder gar eintönig ausfällt. Die Redewendung »Man merkt die Absicht und ist verstimmt«, die einem beim Hören mancher – obschon blendend und suggestiv komponierter – Naturschilderungen von Richard Strauss in den Sinn kommen mag, wäre angesichts der autonomen Züge der Partitur fehl am Platz. Es gibt da ein – analytisch kaum fassbares – Moment verinnerlichter Wahrnehmung von Natur, welche die bloße Abschilderung übersteigt. Michael Gielen spricht in diesem Zusammenhang von »Seelenlandschaften«[124]. Ein anderes nachdrückliches Beispiel für eine solche »Seelenlandschaft« ist der Abschnitt »Neue Kraft fühlend« aus dem 3. Satz des Streichquartetts op. 132, dem *Heiligen Dankgesang eines Genesenen an die Gottheit*. Man meint hier einerseits förmlich zu hören, wie diese »neue Kraft« einen Organismus in jeder seiner Zellen durchströmt; andererseits ist der Tonsatz ungeachtet der Vitalität, die er versprüht, ganz vergeistigt.

Oft genug scheint Beethovens Formkunst durch einen Inhalt stimuliert zu werden, für den er brennt. Und das ist im Fall der *Pastorale* nicht bloß ›Natur‹ als Sujet für *Malerei*, auch nicht nur ›Natur‹ als Mittel zur Zerstreuung oder Erholung, sondern ›Natur‹ als Beglückung in einem erklärt religiösen Sinn. Aus dem Jahr 1815 stammt folgende Notiz: »Allmächtiger / im walde / ich bin selig / glücklich im / Wald jeder / Baum spricht / durch dich / o Gott welche / Herrlichkeit / in einer / solchen Waldgegend / in den Höhen / ist Ruhe – / Ruhe ihm zu / dienen – «[125]

Beethoven schreibt diese Meditation laut eigener Angabe auf dem Kahlenberg, dem bekannten Aussichtspunkt vor den Toren Wiens – quer über ein Blatt mit Notenlinien. Und wir wissen aus vergleichbaren Notaten, dass es ihm darum geht, sich existenziell wichtiger Erlebnisse und Erfahrungen in sprachlich dauerhafter Form zu vergewissern – vielleicht auch im Sinne eines Depots für Kompositionsideen. Was das naturreligiöse Moment betrifft, so ist es Beethovens ureigene Sache; angesichts des Tagebuchcharakters der Aufzeichnung liegt es jedoch auch nahe, an *Les Confessions* Jean-Jacques Rousseaus zu denken – jenes französischen Philosophen, der naturreligiöse Ideen im Kontext der Aufklärung populär gemacht hat.

Man darf voraussetzen, dass Beethoven, der von Zeitgenossen gelegentlich mit Rousseau verglichen wurde,[126] mit dem damals aktuellen Rousseauismus bestens vertraut war. Jedenfalls wird man lebhaft an die *Pastorale* erinnert, wenn man über das emphatische Naturerlebnis des leidenschaftlichen Fußwanderers Rousseau liest: »Wenn Jean-Jacques die Ekstasen am Bieler See beschreibt, scheint er alles Sinnliche beschränken zu wollen, indem er es nur als monotone und regelmäßige Bewegung zuläßt; die Tätigkeit des Bewußtseins ist soweit herabgesetzt, daß schließlich nur mehr reine Selbstvergegenwärtigung zurückbleibt: Zwischen dem Nachlassen des Denkens und dem ruhigen Gemurmel des Wassers entsteht eine intime Korrespondenz.«[127] Rousseau selbst bemerkt in diesem Zusammenhang über die Voraussetzungen für meditative Gestimmtheit: »Es darf weder vollständige Stille noch zuviel Unruhe sein, sondern eine gleichförmige und mäßige Bewegung, ohne Erschütterungen und Unterbrechungen«.[128] Der Philosoph geht damals den ganzen Frühling hindurch täglich zwei Meilen zu Fuß nach Bercy, um die Nachtigall schlagen zu hören. Das verschafft ihm den Frieden, mit dem er seine Tage zu beschließen hofft. Es gibt hier eine »religiöse Topologie«, die mit den Begriffen »Trost«, »Hoffnung« und »Frieden« korreliert.[129] Da zeigt sich das »Heimweh« Rousseaus, der gleichwohl weiß, dass es keinen Weg zurückgibt: »Im [Erziehungsroman] *Émile* werden wir lesen, daß man sehr viel Kunst aufwenden muß, um den gesellschaftlichen Menschen zu hindern, ganz künstlich zu werden.«[130]

Der erklärte Rousseau-Jünger Friedrich Hölderlin knüpft in seiner nur wenige Jahre vor der *Pastorale* entstandenen *Rheinhymne* unmittelbar an sein Vorbild an: »Dann scheint ihm oft das Beste, / Fast ganz vergessen da, / Wo der Stral nicht brennt, / Im Schatten

des Walds / Am Bielersee in frischer Grüne zu seyn, / Und sorglo-
sarm an Tönen, / Anfängern gleich, bei Nachtigallen zu lernen.«[131]
Heutige Hörer werden die Emphase von Beethovens religiöser
Naturerfahrung nur schwer nachvollziehen, auch nicht mehr ermessen können, zu welcher Katastrophe damals ein reales Gewitter führen konnte. Sie werden sich daher auch kein Urteil darüber erlau-
ben, wie authentisch der hymnische Ton gewesen sein mag, in dem
der *Hirtengesang* des Finales *Frohe, dankbare Gefühle nach dem
Sturm* mitzuteilen hatte. Doch unverändert berührt das Glück des
Augenblicks, das Beethovens *Pastorale* mitzuteilen vermag – wobei
Momente von Verdeutlichung und Überhöhung, die einem Finale
naturgemäß eigen sind, in diesem Fall den Eindruck von absoluter
Gelassenheit ein wenig schwächen. Was man jedoch insgesamt an
der *Pastorale* hat, zeigt ein Vergleich mit sinfonischen Naturschilderungen des späteren 19. Jahrhunderts: Da gibt es nichts, was Beethoven gleichkäme – nämlich an dringlicher Gelassenheit religiös
überhöhten Naturerlebens. Nicht von ungefähr spricht Theodor W.
Adorno von der »Armseligkeit des Sonnenaufgangs« zu Beginn von
Richard Strauss' *Alpensymphonie*: »kein Sonnenaufgang, auch nicht
der im Hochgebirge, ist pompös, triumphal, herrschaftlich, sondern
jeder geschieht schwach und zaghaft wie die Hoffnung, es könne
einmal noch gut werden, und gerade in solcher Unscheinbarkeit des
mächtigsten Lichtes liegt das rührend Überwältigende.«[132]

Die Faksimileseite stammt aus dem Petter-Skizzenbuch, das Aufzeichnungen zu verschiedenen Werken ab op. 92 enthält, besonders zur 7. und 8. Sinfonie. An dieser Seite interessieren vor allem Beethovens verbale Eintragungen. Man liest: »d. g. sollten anders als / die Miserablen Enharmo=/nischen ausweichungen, die / jeder schul Miserabilis machen / kann, sie sollen – Wircklich eine /Veränderung in jedem [durchgestrichen: Wahrnehmenden] hörenden / hervorbringen –«. Unten auf der Seite heißt es: »Baumwolle in den / Ohren am Klavier / benimmt meinem Gehör / das unangenehm / Rauschende.–«

Beethoven liebt seit jeher das Selbstgespräch via Skizzenbuch. Dabei geht es ebenso um Alltagssorgen wie um musikästhetische Fragen: Das Übergehen etwa von Cis-Dur nach Des-Dur war für Beethoven nicht nur ein kompositionstechnischer Vorgang, berührte vielmehr Fragen der Tonartencharakteristik, mit denen sich die Hörer von Fall zu Fall bewusst auseinandersetzen sollten. (Beethoven-Haus Bonn, Sammlung Bodmer, HCB Mh 59, Blatt 1r)

Ein autographes Skizzenblatt, das einmal zum Petter-Skizzenbuch gehörte, jedoch schon früh aus diesem herausgelöst wurde – vermutlich zu Geschenk- oder Verkaufszwecken. Das aus dem Halbjahr 1811/1812 stammende Dop- pelblatt enthält Skizzen u.a. zur 7. Sinfonie. So entdeckt man in der zweiten Notenzeile das charakteristische rhythmische Schema des Kopfthemas vom 2. Satz. Dieses Thema taucht zwar schon in einer Skizze aus dem Jahr 1806 auf, wird hier jedoch neu aufgerufen.

Selbstverständlich gelingt es Kennern, weitere Notate zu identifizieren. Den Nichtfachmann fasziniert freilich etwas anderes, nämlich das graphische Bild dieses Skizzenblattes – Chaos, modernes Kunstwerk à la Cy Twombly oder bei- des zugleich? Jedenfalls führen derlei Blätter ihr Eigenleben und sind keines- wegs als Unfertiges vom Fertigen abzuheben. Diese Einsicht hat Douglas Johnson, einen der besten Kenner von Beethovens Skizzen, letztendlich so irri- tiert, dass er nach langen Forscherjahren mit der provokanten These hervorge- treten ist, dass Beethovens Skizzen weder erklären können noch müssen, was nicht aus den Werken selbst spricht; und dass man andererseits den Skizzen nicht gerecht wird, wenn man sie lediglich als Vorstufen zum fertigen Werk be- trachtet. Man mag Blätter nach Art des abgebildeten als rhizomatische Wuche- rungen ohne Anfang und Ende betrachten, die vor dem Horizont von Leben und Schaffen einem ›Ganzen‹ angehören, das sich nicht in definitiven Texten codieren lässt. (Beethoven-Haus Bonn, BH 120, Blatt 1r)

SINFONIE NR. 7, A-DUR OP. 92

Uraufgeführt am 8. Dezember 1813
im Universitätssaal der Stadt Wien

Man versteht, dass Johannes Brahms vor dem Abschluss seiner
1. Sinfonie dem Freund Hermann Levi – halb ernst, halb ironisch –
klagte: »Ich werde nie eine Symphonie komponieren! Du hast keinen Begriff davon, wie es unsereinem zu Mute ist, wenn er immer
so einen Riesen (Beethoven) hinter sich marschieren hört.«[133] Und
man begreift auch, dass er es gleich seinem Mentor Robert Schumann bei der Komposition von vier Sinfonien belassen hat: War
man nicht wie Anton Bruckner oder Gustav Mahler willens, in jeder
Sinfonie ein- und demselben ›Ton‹ – als dem tönenden Ausdruck
einer dauerhaften seelischen Grundbefindlichkeit – nachzugehen,
so lag es nahe, sich zu beschränken, ehe man sich mit Erwartbarem
wiederholte.

Was gemeint ist, kann eine Gegenüberstellung der zweiten Sätze
aus Brahms' *Vierter* und Beethovens *Siebter* verdeutlichen, die im
Gestus von fern vergleichbar sind. Der Gehalt von Beethovens *Allegretto* ist nicht von ungefähr mit dem Litanei-Singen bei Prozes-
sionen und Wallfahrten – »Sancta Maria, ora pro nobis« – in Verbindung gebracht worden.[134] Dem entspricht mit dem *Andante
moderato* der *Vierten* von Brahms ein Satz, der in seiner Neigung
zur phrygischen (Kirchen-)Tonart und aufgrund der gemessen
schreitenden Bewegung des Hauptmotivs gleichfalls Assoziationen weihevoller Gestimmtheit zulässt. Doch nun der Unterschied:
Während die Zeitgenossen an besagtem *Andante moderato* eine

zur Identifikation einladende, typisch Brahmssche Gefühlssprache wahrnahmen, wären sie kaum auf die Idee gekommen, das Beethovensche *Allegretto* einen typisch Beethovenschen Satz zu nennen. Dessen Zauber beruht gerade darauf, dass der Komponist in einen Raum eintritt, der auch für ihn selbst Geheimnisse zu bergen scheint. Zu der räumlichen Vorstellung passt eine Erinnerung des dreizehnjährigen Siegfried Wagner: Als wenige Wochen vor dem Tod seines Vaters der Hausgast Franz Liszt einer kleinen Gesellschaft im Palazzo Vendramin-Calergi das *Allegretto* auf dem Flügel vorspielt, betritt Wagner – unbemerkt vom Spieler und von den Zuhörenden – den Raum, um zur Musik »in der geschicktesten und anmutigsten Weise [zu] tanzen«.[135]

Es geht um ein Moment von *Transzendenz* – des Überschreitens von Konventionen im wörtlichen wie im metaphorischen Sinne: Der Gestus des Sinfonischen wird aufgesprengt in Richtung tieferer Erfahrungsräume. Kein Zufall, dass das *Allegretto* bei einer Aufführung am 29. November 1814 auf Verlangen des mitgerissenen Publikums wiederholt werden musste, obwohl der Satz, so einfach und ausgewogen er sich gibt, nicht einmal eine spezifische Gesangsszene darstellt: Das Liedhaft-Schlichte wird von der Wucht des Sinfonischen, die sich im Einklang von Metrik, Harmonik und Dynamik artikuliert, aufgesogen.

Dass sich mit dem *Allegretto* eine andere Welt auftun wird, zeigt schon der lang ausgehaltene, *forte* einsetzende und *pianissimo* verklingende Quartsextakkord der Bläser ganz zu Anfang: Gleich einem herabgelassenen und nun wieder aufgezogenen Vorhang sorgt er für den nötigen Abstand zwischen den stürmischen Bewegungen des Kopfsatzes und der nun folgenden, zwar belebten, jedoch andächtigen Szene des 2. Satzes. Deren leicht archaische Drapierung sorgt dafür, dass der Komponist gegenüber seinem sinfonischen Ich zurückzutreten und einen Vorgang mitzuteilen vermag, der die Hörer einerseits in seiner gestischen Unmittelbarkeit, andererseits in einer spezifischen Brechung erreicht. Man ist an Gemälde Jan

Vermeers nach Art des *Liebesbriefes* erinnert, in denen der Blick des
Betrachters an diversen ikonografisch bedeutsamen Gegenständen
vorbeigeschleust wird, ehe er an dem zentralen Bildinhalt im Hintergrund hängenbleiben darf: Auch hier gibt es bei vordergründiger
Realistik eine durch Farben, Licht und Schatten geschaffene Imagination von Fernsicht, wenn nicht Entrücktheit. In gleicher Weise
mag die Assoziation eines durchaus räumlich vorgestellten Schreit-
tanzes, wenn nicht einer Wallfahrt – gepaart mit spirituellen Vorstellungen – die Hörer der *Siebten* fasziniert haben: Kunstreligion geradezu im Sinne des Nazarenertums, das seinen Anfang immerhin am
Beginn des 19. Jahrhunderts an der Wiener Kunstakademie nahm.

   Einzigartig am *Allegretto* ist der Übergang zum Mittelteil: Das
mit *dolce* überschriebene ›Trio‹ kommt einerseits so selbstverständlich daher, als wäre gar nichts anderes denkbar; auf der anderen Seite
weiß man nicht, wie einem geschieht. Die Anmutung eines ›Wun-
ders von oben‹ reicht in Tiefen menschlicher Erfahrung, um diese
zugleich zu überhöhen, also als unverfügbar darzustellen. Anton
Schindler beendete in Beethovens Konversationsheften vom Sommer 1823 ein Gespräch über die »Intentionen« speziell des *Allegret-
tos* mit dem Wunsch: »Bei der Herausgabe sämtlicher Werke muß das
alles angezeigt werden, denn das sucht ja niemand darin.«[136]

   Womöglich hat Schindler sich mit dieser nachträglichen Eintragung lediglich wichtigmachen wollen. Jedenfalls wissen wir nicht,
welche Erläuterungen Beethoven gegeben haben mag; womöglich
hat er gut daran getan, seine Geheimnisse für sich zu behalten.
Gleichwohl ist es kein Wunder, dass die Fragen des Biografen gerade der *Siebten* gelten: Ähnlich vielleicht der *Eroica*, jedoch aus-
ladender als die *Fünfte* und die *Pastorale*, erinnert die *Siebte* an ein
Schauspiel, das sich nicht konzentriert mit *einem* Thema – Schicksal,
Natur – auseinandersetzt, sondern ein breites, Fantasievorstellun-
gen freisetzendes Panorama abdeckt.

   In der Tat sind der *Siebten* im Laufe ihrer mehr als 200jährigen
Geschichte mehr ›Programme‹ unterlegt worden als allen anderen

Sinfonien Beethovens.[137] Man muss dies nicht totschweigen, wie es eine seriöse Beethoven-Deutung bevorzugt; man muss es auch nicht als naiv und einem tieferen Beethoven-Verständnis unwürdig abtun: Es zeugt, wie unvollkommen auch immer, von dem Bemühen, Beethovens Intentionen *verstehen* zu wollen. Allerdings ist es offensichtlich, dass Beethoven auch in diesem Fall rein aus seinen *Tönen* verstanden werden wollte. Diese bieten schon an sich aufregend Neues genug.

Das beginnt mit dem von Hector Berlioz als neuartig bewunderten Eingangseffekt der Sinfonie: »Der Gesamtkörper schlägt einen kräftigen, kurzen Akkord an, und legt durch die darauf folgende Pause eine Oboenstimme bloß, deren Einsatz, durch den Orchestereinsatz gedeckt, unbemerkt geblieben war, und die nun ganz allein in gehaltenen Tönen die Melodie entwickelt.«[138] Was Berlioz kompositionstechnisch ausdrückt, lässt sich auch metaphorisch beschreiben: Vor der puren Orchestergewalt flüchtet die Oboe wie ein ängstlicher Vogel ins Freie. Man ist an die *Fünfte* erinnert, in der die Solo-Oboe ihren ersten ›menschlichen‹ Seufzer erst an der Schnittstelle zwischen Durchführung und Reprise hatte tun dürfen – also nicht, bevor sich das Orchester zur Genüge hatte austoben können. Nunmehr werden beide Momente auf engstem Raum zusammengeführt: *Im Einen steckt das Andere.* Eindrücklicher als durch den sich aus dem Orchesterschlag lösenden Oboenton ließe sich diese Vorstellung kaum versinnlichen.

Es ist eine Vorstellung, welche die Leitidee der ganzen Sinfonie sein könnte. Diese ›negiert‹ – darin von *Eroica*, *Fünfter* oder auch der *Pastorale* unterschieden – die gern für Beethoven in Anspruch genommene Idee, dass der Zusammenhalt einer Sinfonie weitgehend durch intensive Arbeit mit ein- und demselben motivisch-thematischen Grundmaterial zu gewährleisten sei, dessen Spuren man bis ins glorreiche Finale zu verfolgen hätte. Mit dieser Theorie kommt man angesichts der *Siebten* nicht weit: *Wenn* es ein vereinheitlichendes Prinzip gibt, so ist es nicht auf der Ebene des Moti-

vischen, sondern auf der des Rhythmisch-Metrischen zu finden:
Romain Rolland fühlte sich angesichts dieser Neubestimmung des
Sinfonischen an eine »Orgie des Rhythmus« erinnert[139]; Michael
Gielen sah sich mit einer »rhythmischen Insistenz ohne gleichen«
konfrontiert.[140] Solches sorgt von vornherein für einen ›Drive‹, der
Richard Wagner von einer »Apotheose des Tanzes«[141] hat sprechen
lassen – was durchaus einen Sinn macht, wenn man »Tanz« als
»Ausdruckstanz« versteht und den einzelnen Sätzen höchst unter-
schiedliche Ausdruckscharaktere zubilligt.

Da der suggestive rhythmisch-metrische Furor die Frage nach
weitreichendem motivisch-thematischem Zusammenhalt gar nicht
erst aufkommen lässt, kann Beethoven auf dieser Ebene ein anderes
Prinzip verfolgen – gemäß der genannten Vorstellung: *Im Einen
steckt das Andere* Es geht also nicht um die »entwickelnde Variation«, die Arnold Schönberg in Beethovens Musik präfiguriert erschien, sondern um Wandlungen und Verwandlungen. Der einlei-
tende Orchesterschlag wandelt sich in das Oboen-Solo. Und das
prägnant rhythmisierte Hauptthema des 1. Satzes mutiert mir nichts
dir nichts von einer tänzelnden Flötenfigur in ein jauchzendes Orchester-Tutti. Dessen »raketenhaft auffahrender Auftakt« erscheint
Peter Gülke »geradehin als musikalische Verkörperung des auf die
Massen überspringenden Funkens, der die Idee zur materiellen Gewalt werden lässt, als herrschende Gebärde, mit der das volle Orchester vom Thema Besitz ergreift«.[142] In der Reprise ist es umgekehrt: Erst erscheint das Orchester-Tutti, als hätte es die Herrschaft
nunmehr endgültig an sich gerissen, danach das Thema als Reminis-
zenz an seine ursprüngliche Leichtigkeit.

Von »Exposition«, »Durchführung« und »Reprise« zu sprechen,
ist zwar nicht abwegig, bereitet jedoch noch größere Schwierigkeiten als in anderen Sinfonien Beethovens: Allzu deutlich dominiert
ein narratives Moment, das sich den üblichen musiktheoretischen
Vorgaben nicht fügt. Das gilt bereits für die ausgedehnte Einleitung
zum 1. Satz, die nicht eigentlich als Hinführung zum Hauptsatz

verstanden werden kann, sondern eher als selbständiger Prolog zum nachfolgenden Dithyrambos, als den man diesen Hauptsatz in Anlehnung an die erwähnte Definition der Gattung Sinfonie in Sulzers *Theorie der Schönen Künste* bezeichnen kann. Auch Johann Gottfried Herders Gedanken über die »trunkene Wuth« der Oden-Gattung im Sinne eines »Stroms, der alles Bewegbare in seinem Strudel fortreißt«[143], sind noch aktuell genug, um für Beethovens Ästhetik eine Rolle zu spielen – was auch für Herders Beschreibung der orgiastischen Züge des Dionysos-Bacchus-Kultes gilt: Immerhin trägt sich Beethoven zur Zeit der *Siebten* mit dem Plan einer *Bacchus*-Oper – einem Thema, das dann noch einmal am Ideen-Horizont der *Neunten* auftauchen wird.

Nicht nur der rhythmische Furor legitimiert den Komponisten, Episoden narrativ aneinanderzureihen, ohne dass der Gesamtzusammenhang verloren ginge; vielmehr tut die Instrumentierung das ihre dazu: Nur mit Hilfe des Orchesterapparats lässt sich die fortschreitende Dramatik mit all ihren Dehnungen und Verknappungen, Steigerungen und Rücknahmen, Spannungen und Lösungen, mit ihren stimulierenden und aufschiebenden Momenten gebührend in Szene setzen. Indessen pflegt Beethoven im 1. Satz der *Siebten* bei aller Dynamik keinen Lapidarstil. Nicht zu Unrecht verweist ein Kenner wie Berlioz auf die Feinheiten der Partitur, indem er etwa die in seinem Umfeld »lautest getadelte« Auflösung einer Dissonanz ab Takt 155 ff. als besonders glücklichen Effekt rühmt.[144] Heute werden derlei Nuancen nicht mehr beanstandet, stattdessen aber gern überhört; gleichwohl verstärken sie zumindest unwillkürlich den Eindruck des leidenschaftlich Extrovertierten.

Extrovertiert mutet auch das an dritter Stelle und in F-Dur stehende *Scherzo* an; zumindest wirken die im *Presto* vorbeirauschenden Viertel nach der Einkehr, für die das vorausgegangene *Allegretto* gestanden hat, wie eine Rückkehr in die »geschäft'ge Welt« – gemäß den Gedichtzeilen »Da Draußen, stets betrogen, saust die geschäft'ge Welt«, die Joseph von Eichendorff in diesen Jahren niederschreibt.

Doch dann verschwindet diese »geschäft'ge Welt« mit einem Schlag, um einem Trio in D-Dur Platz zu machen, das Michael Gielen als »inneren Höhepunkt der Sinfonie« bezeichnet[145]: Vom Unisono des Hauptmotivs bleibt nur die Terz a stehen, die nunmehr zur – geradezu penetrant herausgestellten – Quinte der neuen Tonart D-Dur umgedeutet wird und das Podest für eine »jubelnde Hymne« bereitet.[146] Wie neuartig die tonale Konstellation ist, wird vollends deutlich, wenn Beethoven aus dem Trio zum Hauptsatz des *Scherzos*, also zu F-Dur und damit in die »geschäft'ge Welt«, zurückwechselt: Der Hörer hat Mühe, in die neue Tonart, die die alte ist, zurückzufinden.

So originell der von Peter Tschaikowski bewunderte »harmonische Effekt« als solcher ist,[147] wichtiger noch ist seine *Funktion* im Ganzen der Sinfonie: Er dient der Herstellung von Transzendenz. Zwar schadet es nicht zu wissen, dass sich ein seriöser Zeitgenosse Beethovens, nämlich Maximilian Stadler erinnert haben soll, das Thema des Trios sei einem niederösterreichischen Wallfahrtgesang abgelauscht.[148] Doch auch ohne Kenntnis dieses Details wird man das Trio als ein Zeugnis von Beethovens Ethos deuten: Es ist eine Metapher dafür, dass sich die Verstörtheit über die »absurde Welt« in *Andacht* wandeln lässt. Und es gehört zu Beethovens – sicherlich wohlüberlegten – Geheimnissen, dass er diese seine Kernbotschaft in einem Trio, also gleichsam in einem Nebensatz, versteckt. Indessen soll und muss diese Botschaft offenbar abgesetzt werden, ehe das »selbsthypnotische« Toben des Finales anheben darf.[149]

Wenn Robert Schumann bei diesem Finale assoziierte, Beethoven wolle uns in einen »Tanzsaal« führen,[150] so deutet dies weniger auf ein tieferes Verständnis der Komposition als auf die womöglich zahmen Aufführungen hin, die er unter dem biederen Musikdirektor Pohlenz im Leipziger Gewandhaus erlebt hatte. Jedenfalls ist sich die Beethoven-Rezeption weitgehend darin einig, dass der Satz etwas aufreizend Monomanes an sich hat: Das Eingangsthema dieses letzten Satzes konfrontiert den Hörer mit einem wilden Taumel, der jedoch alsbald von den daraus abgeleiteten Marschrhythmen mit militärischer Straffheit diszipliniert wird.

Ein Hinweis darauf, dass die Marschrhythmen an eine Episode in François-Joseph Gossecs Revolutionsmarsch *Le Triomphe de la République* erinnern,[151] erscheint zwar nicht überflüssig, da die Konzerte der Jahreswende 1813/1814, in denen die umjubelte *Siebte* erstmals erklang, ganz im Zeichen der jüngsten militärischen Siege standen, die das Ende der napoleonischen Ära einläuteten. Jedoch wäre es nicht angebracht, diese Assonanzen überzubetonen, da der Satz Momente von totaler Unterwerfung des Subjekts unter die andringenden Gewalten freisetzt, die aus dem Werk Beethovens – weit über die zeitgeschichtliche Situation hinaus – generell nicht wegzudiskutieren sind. Richard Wagner meinte im Gespräch mit Engelbert Humperdinck, man könne das Finale zwar lieb haben, müsse aber doch »in einem gewissen Sinne davon sagen: das ist nicht mehr Musik. Aber nur Er konnte es machen!«[152]

Ob man den Gestus des Finales nun als grandios, beängstigend oder als beides zugleich erlebt – jedenfalls belegt er eindrücklich die geniehafte Fähigkeit des Sinfonikers Beethoven, eine grundlegende Idee auf den Punkt zu bringen. Hier ist es die Intention, urgewaltigen Kräften zu glorreicher Erscheinung zu verhelfen. Beethovens Lapidarstil benötigt dafür nur etwa siebeneinhalb Minuten, während sich spätere Sinfonienkomponisten zur Darstellung ihrer finalen Ideen bis zu einer halben Stunde Zeit gelassen haben.

Keineswegs ist aus dem Furor des Finales zu schließen, Beethoven habe dieses wie im Rausch komponiert. Vielmehr zeugen zahlreiche Skizzen von der hohen intellektuellen Anstrengung, die mit dem Vorhaben verbunden war, Chaos in Ordnung, Desorientiertheit in Zielgerichtetheit umschlagen zu lassen und zudem retardierende Episoden einzustreuen, die der Ansammlung neuer Kräfte dienen. Auch die willkürlich gesetzten Akzente sorgen für Stimulierungen, die den Eindruck von Monotonie oder Trancezuständen nicht aufkommen lassen. Ohne extreme Gesten zu scheuen, bleibt der Komponist auch der *Siebten* seinem Ruf als Meister eines Lapidarstils treu, der sich an Selbstreflektiertheit nichts abhandeln lässt. Zudem soll es nicht bei dem Appellcharakter der *Siebten* bleiben: In den Finalsätzen der beiden letzten Sinfonien wird Beethoven das Thema »Der Einzelne und die Masse« neu zur Sprache bringen, um schließlich – in den späten Streichquartetten – in imponierender Einkehr bei sich selbst die eigene Zerbrechlichkeit zu reflektieren.

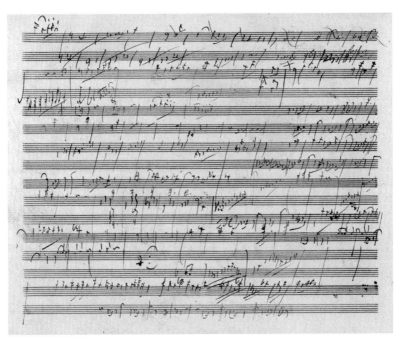

Noch einmal das Petter-Skizzenbuch, hier mit einer Seite, die den komplizierten Entstehungsprozess der 8. Sinfonie dokumentiert: Beethoven arbeitet an
einer Passage, die später einmal am Anfang der *Achten* stehen wird: Indessen
gibt es Hinweise darauf, dass das neue Werk zu diesem Zeitpunkt noch als Kla-
vierkonzert geplant ist: Zwar erkennt man gleich zu Anfang der Seite die Um-
risse des Kopfmotivs, jedoch beginnt in Zeile 13 nach der Fermate eine Passage, die man im Kontext der vorangehenden Seiten als eine Kadenz für Klavier
identifizieren kann. (Beethoven-Haus Bonn, Sammlung Bodmer, HCB Mh 59,
Blatt 37 v)

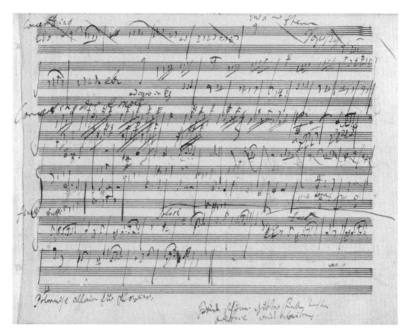

Im Petter-Skizzenbuch ist Beethoven sich neun Seiten später über sein nächstes Vorhaben immer noch nicht im klaren. Nun denkt er an ein »Concert in g«, ein »adagio in Es« oder ein »Concert in g oder E-moll«, zudem an eine »Polonaise allein für Klavier«. Ganz unten noch der Eintrag: »Freude schöner Götterfunken Tochter / Ouverture ausarbeiten«. (Da ist schon die 9. Sinfonie angedacht, ohne dass die ein wenig später folgenden Skizzen zu dieser »Ouverture« Bezug zum ein Jahrzehnt später komponierten Werk zeigten.) Erst ab Blatt 45r ist dann die definitive Entscheidung für die spätere 8. Sinfonie gefallen. (Beethoven-Haus Bonn, Sammlung Bodmer, HCB Mh 59, Blatt 42r)

SINFONIE NR. 8, F-DUR OP. 93

Uraufgeführt am 27. Februar 1814
im großen Redoutensaal Wien

Da der Sinfoniker Beethoven »immer das Ganze« vor Augen hat,
kann er die trunkenen Siegesbotschaften der *Siebten* offenbar nicht
absetzen, ohne ein Gegenbild nicht nur zu denken, sondern auch
zu schaffen. So entsteht gleichsam im Schoß der *Siebten* die *Achte*;
und wie der antiken Tragödie das Satyrspiel folgte, so folgt im
Schaffen Beethovens der ausufernd stürmischen *Siebten* eine *Achte*,
die durch ihre knappen, gedrängten Formen auffällt und »die heiterste aller beethovenschen Symphonien« darstellt.[153]

Diese Auffassung, die hier in den Worten des einstens einflussreichen Beethoven-Biografen Adolf Bernhard Marx mitgeteilt
wird, war jedenfalls common sense nicht nur in den gängigen
Konzertführern des 19. Jahrhunderts, sondern auch bei Komponisten wie Berlioz und Tschaikowski. Selbst Richard Wagner ord-
nete die *Achte* jener Schaffensphase zu, in der Beethoven »fast
durchgängig dem Geiste der erhabensten Heiterkeit« gehuldigt
habe.[154]

Spätestens seit dem 20. Jahrhundert dominiert freilich die schon
von Robert Schumann energisch vertretene Auffassung, aus der
Achten spreche »Humor«, was indessen vieles heißen kann. So beobachtete Carl Dahlhaus lediglich eine »humoristische Distanzie-
rung« Beethovens von der Gattungstradition,[155] während Michael
Gielen urteilte: »Der Humor ist ein Humor des Rumpelstilzchens,
der ist grimmig. Da ist ein Ingrimm und eine zurückgedrängte und

öfters ausbrechende Gewaltsamkeit«[156]. Theodor W. Adorno nahm eine »Idylle« wahr, die sich selbst sprenge.[157]

Beethovens Sarkasmus – anders kann man viele Züge der *Achten* kaum deuten – stellt eine Abrechnung mit sich selbst, einen Protest gegen das eigene sinfonische Ideal dar. Daraus erwächst ein grundlegender Widerspruch. Zum einen ist die *Achte* bis in die Details ›authentischer‹ Beethoven, und es mangelt ihr nicht an einschlägigen Markenzeichen: weit vorausdenkende motivisch-thematische Arbeit, trotziges Kontrapunktieren, grimmiges Gegen-den-Strich-Bürsten des Metrums, jähe Wechsel von *piano* und *forte,* idyllische und sogar hymnische Partien. Selbst die erstmals von Wilhelm von Lenz so genannte Schreckensnote – das im Finale in ein dreifaches Piano derb hineinfahrende *cis* in Takt 17/18 – lässt sich noch als originärer Beethovenscher Humor verstehen, obwohl Louis Spohr ihr Auftreten so empfand, als ob ihm jemand mitten im Gespräch die Zunge herausstrecke.[158] Indessen ist dieses cis kein einmaliger, sondern ein in das Satzganze durchaus kalkuliert eingebauter Affront: In der bemerkenswert ›falsch‹ angelegten (zweiten?) Reprise kommt es als Dominante eines *fis-Moll* zu Ehren, das seinerseits in den F-Dur-Satz regelrecht hineinplatzt. Nicht zu Unrecht meinte der Musikforscher Constantin Floros, das Finale der *Achten* sei generell »das wohl glänzendste Beispiel für die Kunst des *Imprévu* aus der Zeit vor Berlioz«[159].

Doch es bleibt nicht beim Eindruck des *Imprévu.* Die Sinfonie weist darüber hinaus so drastische Momente von Desintegration auf, dass man an geradezu selbstzerstörerische Impulse denken muss. Selbstzerstörerisch nicht, was die Integrität der eigenen Persönlichkeit betrifft, jedoch im Umgang mit dem enthusiastischen Überbau des eigenen Schaffens: Nachdem dieser Überbau im Finale der *Siebten* bereits vom Ethischen ins Orgiastische verschoben worden ist, wird er nunmehr geradezu demoliert. Es mag da ein Behagen am eigenen Sarkasmus gegeben haben; und ich stelle mir einen Beethoven vor, der seinen Hörern zuruft: ›Ich habe euch mein Bes-

tes gegeben – kompositorisch wie philosophisch. Habt ihr etwas damit anfangen können? Habt ihr die Welt verändert? – Da habt ihr
die Teile, setzt sie euch künftig selbst zusammen – wenn ihr es denn
könnt!‹

Doch die Zeitgenossen ›können‹ es nicht; und Beethoven komponiert auf das Kunstvollste ihr Nichtkönnen – besonders plastisch
im 2. Satz, dem *Allegretto scherzando*. Dessen Thema gehe, so ver-
mutete die Beethoven-Forschung lange Zeit, auf den sogenannten
Mälzel-Kanon WoO 162 zurück, den Beethoven im Frühjahr 1812
bei einem geselligen Abschiedsmahl auf die Worte »Ta ta ta ta ta ...
lieber Mälzel, leben Sie wohl, sehr wohl! Banner der Zeit, großer
Metronom« komponiert habe. Inzwischen vertritt man die Auffassung, dass es zu dem angegebenen Zeitpunkt eine Abschiedsrunde
in der von Schindler geschilderten Form nicht gegeben haben kann,
dass Mälzel seine Metronom-Erfindung damals, zumindest unter
diesem Namen, der Öffentlichkeit noch gar nicht präsentiert hat, ja
dass nicht einmal der Kanon als solcher von Beethoven stammt.[160]
Dieses Dementi hindert jedoch nicht an der Annahme eines historischen Kerns, der dem Sachverhalt sogar einen besseren Sinn zu geben vermöchte: Bei der Komposition des *Allegretto scherzando* hat
Beethoven nicht oder nicht nur an einen Taktmesser gedacht, dafür
umso mehr an eines der vielen mechanischen Musikinstrumente, für
die Mälzel berühmt war und die er in seinem Wiener *Kunstkabinett*
ausstellte.

Was Beethoven abbildet, ist freilich alles andere als ein gleich-
mäßig ablaufendes Spielwerk, wie man nach dem Hören der ersten Takte noch meinen könnte. Es ist vielmehr eine Mechanik mit
Tücken: ›Melodie‹ und ›Begleitung‹ sind weder homogen in sich,
noch passen sie zueinander. Es gibt Überlappungen, Dehnungen,
Stauungen, Verzerrungen. Gegen Ende scheint der Apparat ent-
zweizugehen, um ganz am Schluss – wie durch das sprichwörtlich
gewordene »Draufhauen, damit's wieder läuft« – noch einmal kurz
in eine gespenstische Geschäftigkeit zu geraten, die bis heute man-

che Interpreten an den auftrumpfenden Schluss einer italienischen Opern-Arie im modernen Stil erinnert. Robert Schumann sah dabei den Komponisten »ordentlich die Feder wegwerfen«.[161] Das hat zwar etwas mit dem Beethoven generell attestierten »Mutwillen« zu tun, reicht aber weiter, wenn man vom 2. Satz aus auch die übrigen Sätze auf ihr Verhältnis zur ›Form‹ hin betrachtet.

Schon der 1. Satz der Sinfonie ist bei genauerer Betrachtung ein Unding: Anders als in den übrigen Sinfonien tritt das Kopfthema von vornherein kompakt als ›klassische‹ 12taktige Periode in Erscheinung, was die Frage aufwirft, wie Beethoven angesichts dieses geschlossenen Gebildes überhaupt noch Gedanken entwickeln und Widersprüche bearbeiten konnte. In der Tat stoßen Momente der Harmlosigkeit und solche der Leidenschaftlichkeit fast unverbunden aufeinander: hier das liebliche Hauptthema, dort wilde Klangballungen – bereits in der Exposition, noch stärker in der Durchführung.

In dieser herrscht – ungeachtet untergründigen ›Witzes‹ – vordergründig die Schematik vor: Der eintaktige Themenkopf wandert eher unbeteiligt durchs Orchester, die simple Sequenzierungs- und Engführungstechnik sorgt für sogenannte »Schusterflecken«, also schematische Sequenzierungen. Zugespitzt gesagt: »Viel Lärm um Nichts!« Doch als Resultat dieses Lärms erklingt im dreifachen *Forte* eine hymnische Wendung, die eher für Beethovens Finali typisch ist. Man weiß jedoch nicht recht, wie ernst sie zu nehmen ist; jedenfalls kann sie sich nur schwer gegen die Bässe durchsetzen, die zur gleichen Zeit das Hauptthema aufgreifen – so, als wollten sie ja nicht den Beginn der Reprise versäumen. Fazit: Auf engem Raum ist in jähem Wechsel der Erlebnisebenen alles ›angerissen‹: Liebliches, Verhaltenes, Leidenschaftliches, Wildes, Feierliches.

Den Platz, den Beethoven sonst mit einem Scherzo besetzt, überlässt er diesmal einem Satz, dem dritten, mit der distanzierenden Bezeichnung *Tempo di Minuetto* – als wolle er sagen, dass auch in diesem Genre nichts mehr gehe: Man möge zwar auf das Alte zurückgreifen, solle jedoch nicht meinen, damit im Jahre 1812 eine heile Welt des Tanzes beschwören zu können. Dementsprechend kommt der Satz nicht liebenswürdig altmodisch daher, sondern mit deutlichen Zeichen von Desorientiertheit. Gleich zu Anfang treten Trompeten und Pauken – Letztere werden übrigens für das Finale in die ungewöhnliche Oktavstimmung gebracht – zu früh auf; in Takt 26 setzt die 1. Violine mit Verzögerung ein, findet aber noch gerade den Anschluss; in Takt 37 verspäten sich die Pauken, anstatt mit Hörnern und Trompeten unisono zu gehen, um zwei Zähler und rufen dadurch weitere Verunsicherung hervor. Man fühlt sich an die Bauernmusik aus der *Pastorale* erinnert; doch was dort genrehaft und humorig gemeint sein mochte, wirkt nunmehr wie ein grundsätzlicher Zweifel am Sinn des Ganzen.

Geradezu den Ausdruck von Verstörtheit trägt das *Finale*, in dem bereits der Rezensent der Leipziger *Allgemeinen Musikalischen Zeitung* vom 4. März 1818 »chaotische Verwirrung« und irrwischhaft schnellen Wechsel der Gedanken beobachtete.[162] Schon den Rhythmus des Hauptthemas kann man als eine Verdrehung desjenigen aus der *Siebten* ansehen; im weiteren Verlauf des Satzes gibt es dann groteske Bewegungsabläufe und Stauungen in Serie. Der angestrengten, in einem Finalsatz übertrieben anmutenden Durchführungsarbeit fehlt streckenweise der logische Zusammenhang. Jedenfalls bleibt sie ohne Konsequenz: Befreiende Finalwirkung stellt sich nicht ein, vielmehr wirken die 53 Schlusstakte über dem ostinaten Grundton *f* auch für Beethovensche Verhältnisse aufreizend plakativ. Von wenigen Momenten abgesehen, fehlt der *Achten* jene Wärme, die in Beethovens sinfonischem Werk ansonsten immer wieder anzutreffen ist, besonders in den langsamen Sätzen. Stattdessen nimmt sich der Komponist die Freiheit, die ganze Skala seiner habituellen Unwirschheit vorzuführen: Auch das – so darf man ihn verstehen – gehört zur Wahrheit seines Wesens und Schaffens. Vergleicht man *Siebte* und *Achte* Satz für Satz, so erhält die Theorie, dass die *Achte* das Satyrspiel zur *Siebten* sei, weitere Bestätigung.

Das Pendant des weit ausholenden Kopfsatzes der *Siebten* ist eine für Beethoven ungewöhnlich gedrungene Fügung des Kopfsatzes der *Achten*. Das beseelte *Allegretto* der *Siebten* korrespondiert mit dem mechanischen *Allegretto scherzando* der *Achten*; die dahinhuschenden Viertel im *Presto* der *Siebten* stehen im Gegensatz zu den nicht nur beschaulichen, sondern zum Teil gezielt täppisch anmutenden Viertel- und Achtelfiguren im *Tempo di Menuetto* der *Achten*. Schließlich kann kaum ein Zweifel darüber bestehen, dass der hektische Gestus des Finalthemas der *Achten* den Schlusstaumel der *Siebten* aufs Korn nimmt, wie denn die Finali sich insgesamt sehr gegensätzlich verhalten: hier ein beständig anschwellender Strom von Euphorie, dort allenthalben Spuren von Chaos und Ziellosigkeit.

Wenn die *Achte* – laut Adolf Bernhard Marx – »die heiterste aller beethovenschen Symphonien« darstellen soll, so nur in dem skizzierten Sinne eines Satyrspiels, in dem Beethoven seine Karten offenlegt, in etwa so: ›Als *Komponist*, der in jeder Lage sein Handwerk auszuüben vermag, bin ich auf der Höhe meines Schaffens, als *Verkünder menschheitlicher Ideale* weiß ich nicht weiter.‹ Das erinnert an Jean Paul, mit dem Beethoven, wie erwähnt, seit der *Eroica* verglichen wird: Auch der romantische Dichter stößt in seinen Romanen menschliche Ideale vom Sockel, um stattdessen mit Irrungen und Wirrungen aufzuwarten, die oft genug nur in Gedankenstriche oder Fragezeichen münden. Jedoch lässt es sich Jean Paul bei aller habituellen Weltverachtung nicht nehmen, die zahlreiche Leserschaft mit letztendlich versöhnlichen Tönen an sich zu binden. Anders der Beethoven der *Achten*: Der gibt gar nicht mehr vor, es mit einer Welt aufnehmen zu können, die zugleich imponierend und abstoßend, phantastisch und verworren ist; und die vor Gegensätzen strotzt, die weder Vernunft noch Kunst aufzulösen vermögen. In keinem zuvor komponierten Musikwerk findet sich ein solches Maß an Reflexion der eigenen Möglichkeiten wie in der *Achten*. Friedrich Schlegel würde, was die »Heiterkeit« der *Achten* betrifft, von »einer wirklich transzendentalen Buffonerie« sprechen[163]: Auch in der Buffo-Oper karikieren die Figuren beständig ihr eigenes Tun. Und weiter mit Schlegel: Das Lächeln der Ironie ist letztendlich von »heiligstem Ernst«, weil es die Reflexion eines objektiven Ganzen ausdrückt.[164]

Doch gleich den Buffonisten streckt Beethoven sich nicht nur selbst die Zunge heraus, sondern auch seinem Publikum. Die *Achte* dient ihm als traurige Beweisführung dafür, dass eine Sinfonie in den Konzertsälen auch dann noch als eine solche akzeptiert wird, wenn ihre Mechanismen so verzerrt vorgeführt werden, dass eigentlich jeder es merken müsste: Hier spricht ein desillusionierter Idealist. Sarkastisch formuliert: Die *Achte* bietet ein Protokoll dessen, was beim Schwerhörigen vom Hochton einer ›idealistischen‹ Sinfonie übrigbleibt. Doch in der Enttäuschung des Komponisten liegt zugleich das Stimulans für eine künftige *Neunte*: Was die rein instrumentale Musik nicht schafft, erreicht vielleicht eine »große Sinfonie mit Chören«, wie sie die Zeitgenossen nennen werden.

Angesichts der *Achten* erweist sich Beethoven in gut romantischer, geradezu Jean-Paulscher Manier als ein Ironiker, der sein Ideal zwar destruiert, es jedoch nicht loslässt. Will man das Werk nicht distanziert, sondern partiell identifikatorisch hören, so sollte man sich den Komponisten als einen Schamanen vorstellen, der keine Seltsamkeiten scheut, um sein Gegenüber von der Bedeutsamkeit seiner Mission zu überzeugen. Diese Mission bestünde dann zumindest in der drastischen Warnung, dass die Gattung der idealistischen Sinfonie nur zu retten sei, wenn etwas grundstürzend Neues geschehe.

Ausschnitt aus dem Skizzenbuch »Landsberg 8« mit Skizzen zum Finale der
9. Sinfonie. Dazwischen die verbale Eintragung »meine Fru[Freunde?] dieser
sey gefeiert«. Beethoven ringt hier um die Gestaltung des Übergangs zum
Finale. In einem frühen Stadium tendierte er dazu, die Anfänge der drei ersten
Sätze nicht nur musikalisch Revue passieren, sondern sie jeweils von dem Sän-
ger kommentieren zu lassen, der dann in der Endversion in dieser Funktion
nur noch zu singen hat: »O Freunde, nicht diese Töne! Sondern laßt uns ange-
nehmere anstimmen, und freudenvollere.« (Musikabteilung mit Mendelssohn-
Archiv, Staatsbibliothek zu Berlin Preußischer Kulturbesitz, Mus. ms. autogr.
Beethoven Landsberg 8, S. 71. © bpk/Staatsbibliothek zu Berlin)

Zu dem im neuen Beethoven-Werkverzeichnis als »Unv 3« geführten Vorhaben einer 10. Sinfonie gibt es beachtliche Vorarbeiten. Auf der hier abgebildeten ersten Seite eines Skizzendoppelblattes findet man in der oberen Hälfte
Notate zum sogenannten Yorkschen Marsch WoO 18. Die mit dünnerer Feder
geschriebenen Aufzeichnungen zu einer 10. Sinfonie füllen die mitttlere und
untere Hälfte der Seite. Neben Themenfragmenten entziffert man u. a. die er-
klärenden Worte »harmonie allein«und »ohne 2 theile«. (Beethoven-Haus Bonn,
Sammlung Bodmer, HCB Bsk 20/68, Bl 1 r)

SINFONIE NR. 9, D-MOLL OP. 125

Uraufgeführt am 7. Mai 1824
im Wiener Kärntnertortheater

Wer Beethovens Sinfonik aus allen ›außermusikalischen‹ Spekulationen heraushalten will, hat schon mit den ersten acht Sinfonien seine liebe Not, scheitert jedoch definitiv an der *Neunten*. Nicht *dass* der Komponist nunmehr in Gestalt von Friedrich Schillers *Ode an die Freude* das Wort zur Hilfe nimmt, um seinen Ideen Ausdruck zu verleihen, ist dabei der springende Punkt, sondern *wie* er es tut. Es ist nicht mit der Äußerung getan, dass Beethoven im Finale der *Neunten* zum Orchester den Gesang hinzunähme, um seine Ideen deutlicher hervortreten zu lassen. Auch ist es nicht zureichend, diese Ideen mit dem Inhalt der Schillerschen *Ode an die Freude* gleichzusetzen, also mit denen von Humanität und Menschheitsverbrüderung.

Jedenfalls ist dem Denker Beethoven mehr zuzutrauen als die bloße Formel *drei plus eins* – das heißt: drei traditionell sinfonische Sätze nebst einem Finale zur vokal-instrumentalen Krönung des Ganzen. Denn alsbald erhebt sich die Frage, *was* denn gekrönt werden solle! Warum komponiert Beethoven nicht *von vornherein* eine Chorsinfonie über die *Ode an die Freude?* Warum müssen einem solchen Unternehmen drei schwergewichtige sinfonische Sätze vorausgehen? Welche Funktion haben sie im Ganzen des viersätzigen Werks? Welche Botschaft will der *Sinfoniker* Beethoven verkünden – nicht allein im Medium des Finales, sondern in dem einer *ganzen* Sinfonie? Offenkundig folgt die Sinfonie vom ersten bis zum letzten

Satz einem Argumentationsgang, der zwar nicht zu Tage liegt, jedoch auf Grund der Spuren, die Beethoven gelegt hat, gut erschlossen werden kann. Um das mutmaßliche Ergebnis vorwegzunehmen: Die vier Sätze der *Neunten* folgen einer geschichtsphilosophischen Konzeption, die *konsequent* auf das Finale zusteuert.

Es ist lohnend, sich unter diesem Gesichtspunkt zunächst das Finale näher anzusehen. Es beginnt mit der von Richard Wagner sogenannten »Schreckensfanfare«; dieser folgen nach einem Orchesterrezitativ die Anfänge der drei ersten Sätze, jeweils von weiteren Orchester-Rezitativen kommentiert. In der Endfassung sind diese ›Kommentare‹ wortlos, im Skizzenbuch *Landsberg 8* jedoch textiert.[165] »Rezitativ Worte denkend« heißt es ausdrücklich in den Skizzen.[166] Und welche Worte dies sind, hat Beethoven zwischen den Noten dieser Entwürfe selbst angedeutet. So heißt es im Anschluss an die Schreckensfanfare: »Heute ist ein Feierlicher Tag ... dieser sei gefeiert durch [?] Gesang u. Tanz«. Es folgt der Anfang des 1. Satzes. Der nachfolgende Kommentar lautet: »O nein, dieses nicht, etwas andres gefällig[es] ist es was ich fordere«. Auf vergleichbare Weise wird das Scherzo zurückgewiesen: »auch dieses nicht, ist nur Possen [...] sondern nur etwas heiterer [...] etwas schöners u. bessers«. Die Erinnerung an das Adagio findet gleichfalls keine Zustimmung: »auch dieses [nicht] es ist zu zärtl. etwas aufgewecktes [?] muss man suchen wie die [...] ich werde sehn dass ich selbst euch etwas vorsinge alsdann stimmt nur nach«. Die alsbald erklingenden Anfangstakte der Freudenmelodie werden in den Skizzen mit den Worten kommentiert: »Ha dieses ist es. Es ist nun gefunden Freude«.

In der definitiven Fassung, die auf jegliche Textierung der Orchesterrezitative verzichtet, folgt nun die ihrerseits untextierte Freudenmelodie – zunächst unbegleitet von Celli und Bässen vorgetragen, danach im Sinne von cantus-firmus-Variationen vom vollen Orchester präsentiert. Was darauf folgt, muss überraschen: die Wiederholung der »Schreckensfanfare« nebst der Aufforderung des

Baritons »O Freunde, nicht diese Töne! Sondern lasst uns angeneh-
mere anstimmen, und freudenvollere«. Erst *dann* erfolgt, was man
schon im Anschluss an den instrumentalen Vortrag der Freudenmelodie hätte erwarten können: deren *vokale* Version – erst von dem
Gesangssolisten, dann auch vom Chor angestimmt.

Die auf musikalische Immanenz eingeschworenen Formanalytiker mögen es drehen und wenden wie sie wollen: Die Wiederholung weder der »Schreckensfanfare« noch des nunmehr vom Bari-
ton gesungenen Rezitativs ist *musikalisch* plausibel. Solches führte
den englischen Komponisten Vaughan Williams zu der – wohl spöt-
tisch gemeinten – Unterstellung, Beethoven habe schlichtweg vergessen, den ersten, wortlosen Teil des Finales vor Absendung der
Partitur an den Verleger zu tilgen.[167]

Die Doppelung macht in der Tat nur Sinn, wenn man Beethoven
eine Botschaft etwa folgenden Sinnes unterstellt: ›Allein auf dem
Weg über sinfonische Musik lässt sich nicht sagen, was mich zu sagen drängt; dazu bedarf es eines weiter reichenden Sprachrohrs –
nämlich eines in den Orchesterklang eingebetteten Chorgesangs,
der die Grenzen zwischen Musikern und Hörern aufhebt und die
Beteiligten sowie alle anderen, die sich angesprochen fühlen, zu
›Freunden‹ und ›Brüdern‹ macht.‹

Vor diesem Horizont bekäme die »Schreckensfanfare« ein spezielle Funktion: Man müsste sie dann nicht unbedingt als Widerhall
der politischen Schrecknisse der Zeit – Restauration und Dema-
gogenverfolgung – deuten, denen Beethoven seinen Hymnus auf
das Ethos der Brüderlichkeit entgegensetzen möchte. Man könnte
sie vielmehr als entschlossene, jedoch gar nicht so ›schrecklich‹ ge-
meinte Intervention eines imaginären Hörers verstehen, der mit
den drei ersten Sätzen der Sinfonie nicht zufrieden ist und nunmehr
mit heftigen Gesten signalisiert, dass er sich etwas »Aufgeweckte-
res« wünsche – man könnte auch sagen: etwas Aufrüttelnderes. Dieser imaginäre Hörer wäre dann – darin besteht die Pointe – Beethoven selbst, der zu der Erkenntnis gelangt ist, dass die beste

sinfonische Musik nichts gegen die banale Wirklichkeit ausrichtet, der er ausgesetzt ist: Es bringt den Menschen nicht weiter, einer »traditionellen« Sinfonie zu lauschen, auch wenn diese auf höchstem Niveau komponiert ist, auch wenn sie sich durch einen Kopfsatz von düsterer Erhabenheit, durch ein wild-bacchantisches *Scherzo* und durch ein *Adagio* von überirdischer Beseeltheit auszeichnet. Da vermöchte auch ein fulminanter Schlusssatz nichts auszurichten! Vielmehr kann die finale Lösung nur darin bestehen, dass der Komponist die Grenzen des Rein-Ästhetischen beherzt überschreitet und gemeinsam mit den Hörern freudig und gläubig einen Rundgesang anstimmt, der unter dem Himmel Gottvaters und -schöpfers alle Menschen zu Brüdern werden lässt. Auf eine knappe Formel gebracht, lautet die Botschaft: Es hilft dem Sinfonienkomponisten trotz besten Willens nicht, sich seiner kollektiven Elementarkräfte (1. Satz), seiner körpereigenen Vitalkräfte (2. Satz) und seiner persönlichen Seelenkräfte (3. Satz) zu vergewissern – er benötigt Hilfe von außen.

Hier ist auf frappante Weise die Botschaft der *Achten* weitergedacht: Hatte Beethoven dort seine idealistische Musik selbst dekonstruiert, so schlägt er nunmehr eine weitere Volte. In den ersten drei Sätzen der *Neunten* überbietet er sich geradezu an idealistischer Rhetorik, um diesen Idealismus im Finale ebenso brüsk, jedoch auf ganz andere Weise zurückzuweisen: Auch gekonnte sinfonische Rhetorik ist, wie die Intervention der »Schreckensfanfare« in Erinnerung ruft, eben nur Rhetorik. Letztlich kann das Heil nur von oben kommen, der Segen nur erfleht werden.

Bleibt die Frage, weshalb Beethoven nicht von vornherein eine Vokalkomposition über den Freudenhymnus komponiert. Die Antwort lautet: Er hat wie immer »das Ganze« vor Augen, will seine bisherige Sinfonik nicht – wie in gewissem Sinne in der *Achten* – zur Disposition stellen, sondern in ein Neues *überführen*. Solches soll jedoch nicht *mechanisch* geschehen, indem das ›Neue‹ einfach an das ›Alte‹ angehängt wird. Vielmehr geht Beethoven das Wagnis ein,

an einer Gedankenreihe entlang zu komponieren, die das ›Neue‹
aus dem ›Alten‹ herauswachsen lässt. Man muss den vier Sätzen
der *Neunten*, die für den jungen Wagner »das Geheimnis aller Geheimnisse« zu enthalten schien,[168] kein Programm unterlegen, um
aus ihrem jeweiligen Charakter auf die entsprechende Intention zu-
rückzuschließen. Dabei kann und muss offenbleiben, welche programmatischen und kompositorischen Konzeptionen Beethoven in
den einzelnen Stadien der Werkentstehung verfolgte. Letztlich können wir – den Skizzen zum Trotz – nur auf das Ergebnis schauen.

Der mit *Allegro maestoso* überschriebene Kopfsatz ist schon in
der frühen Beethoven-Rezeption mit der Urgewalt des Göttlich-
Erhabenen in Verbindung gebracht worden: Aus dem bewegten
Chaos formt sich die Idee eines Weltenganges als unwiderruflich
und alleinbestimmend. Man könnte an das bleibende Sein, die
ewige Bahn der Gestirne denken. Für diese Ordnung spricht – auf
kompositorischer Ebene – eine erstaunlich konsequent durchgehal-
tene Gliederung des Satzes in regelmäßige Viertaktgruppen, die zu
seinem dramatischen Gestus merkwürdig quersteht; man beobachtet zudem geradezu strophische Strukturen. Doch gerade »eine
Simplizität, die es erträgt, mit Emphase vorgetragen zu werden,
ohne in leere Rhetorik zu verfallen«, ist nach Carl Dahlhaus geeignet, die den Satz bestimmende Monumentalität zu garantieren.[169]
Den numinosen Beginn der Sinfonie belegen Jens Brockmeier und
Hans Werner Henze mit Metaphern wie »Urlandschaft« und »Vor-
geschichte«.[170] Ein Mitglied von Robert Schumanns Davidsbünd-
lergesellschaft erinnerte der Sinfoniebeginn an »die Entstehungsge-
schichte des Menschen«: »erst Chaos – dann der Ruf der Gottheit:
›es werde Licht‹«.[171] Was danach geschieht, ist weniger Ausdruck
planmäßig prozesshaften Komponierens, wie es viele Kopfsätze des
mittleren Beethovens charakterisiert, sondern eher das Ausmalen eines brodelnden Urzustandes.

Man muss den vielschichtigen Eingangssatz nicht auf diese Assoziationen festlegen, um ihn als Ausgangspunkt von Vorstellungen

zu würdigen, die im Rahmen des nachfolgenden, mit *Molto vivace –*
Presto überschriebenen, dem Scherzo-Typus nahestehenden 2. Satzes ihre plausible Fortsetzung finden. Das Bild eines von unabän-
derlichen Gesetzen gesteuerten Kosmos wird durch dasjenige eines
dionysischen Festes ersetzt, das zunächst grotesk übermütig und
unter ordinären Bocksprüngen – von den in der Wiener Uraufführung vom Publikum spontan beklatschten Oktavsprüngen der
Pauke unmittelbar versinnlicht – abläuft, um im geradtaktigen Trio
›menschlichere‹ Züge zu zeigen.

Von dionysischen oder bacchantischen Momenten zu sprechen,
ist nicht nur angesichts der diesbezüglichen Rezeption des Werks
gerechtfertigt, sondern auch auf Grund der von Beethoven selbst
gelegten Spuren: Im Vorfeld der Arbeit an der *Neunten* hat er sich
Begriffe wie »griechischer Mythos« und »Bacchus-Feier« notiert
und zudem, wie erwähnt, mit dem Plan einer *Bacchus*-Oper gespielt. In unmittelbarer Nähe zu den wenigen musikalischen Skizzen zu diesem Werk befindet sich eine mit *Fuge* überschriebene Vorform des späteren Scherzo-Themas der *Neunten*. Und bei den
Opern-Skizzen selbst steht der Satz: »Dissonanzen vielleicht in der
ganzen Oper nicht aufgelöst oder ganz anders da sich in diesen wüsten Zeiten unsere verfeinerte Musik nicht denken läßt.«[172]

Mit den »wüsten Zeiten« ist nicht Beethovens Gegenwart gemeint, sondern ein imaginäres dionysisches oder bacchantisches
Weltalter, dessen Tendenzen der 2. Satz der *Neunten* zu spiegeln
scheint: eine frühe Ära der Menschheit, die an die »edlen Wilden« à
la Rousseau erinnert, aber auch an wild-bucolische Szenen, wie man
sie vielleicht in der *Bacchus*-Oper gefunden hätte, wenn sie denn
komponiert worden wäre.

Im 3. Satz, dem *Adagio molto e cantabile*, geht Beethoven ein
weiteres Weltalter voran: Statt einer Musik, die den »wüsten Zeiten« der menschlichen Frühgeschichte nachempfunden ist, folgt
etwas von dem, was Beethoven in den Skizzen zur *Bacchus*-Oper
»unsere verfeinerte Musik« und in denen zur *Neunten* als »schö-

ner«, »besser« und »zärtlicher« apostrophiert. Doch trotz der heroischen, gleichsam zur entschlossenen Tat aufrufenden Geste, zu der sich Blechbläser und Pauken im Schlussteil aufraffen, ist der 3. Satz »zu zärtlich«, um vor der Gegenwart bestehen zu können: »etwas Aufgewecktes« muss her. Das aber wird in Gestalt der *Ode an die Freude* in die Sinfonie geradewegs importiert – wiederum vor geschichtsphilosophischem Hintergrund: Ein neues Weltalter, wenn man diesen hochtrabenden Begriff hier noch einmal verwenden will, ist nur denkbar durch die »inventive Rückkehr« zu Natur.[173]

Diese Vorstellung ist an Rousseau orientiert, den der junge Schiller verehrte und dessen Briefroman *Julie oder die neue Héloise* Beethoven gekannt haben dürfte.[174] Und der Terminus »inventiv« will besagen, dass es nicht darum geht, die Zeit zurückzudrehen, um zu einem menschheitlichen Urzustand zu kommen, von dem Rousseau selbst ausdrücklich erklärt, dass er nicht wisse, wie er ausgesehen habe. Vielmehr muss der Weg zu der »Natur« edlen Menschentums erst noch gefunden werden – mittels Erziehung und Kultur. Und dazu will Beethoven mit seiner letzten vollendeten Sinfonie ausdrücklich beitragen.

Dass im Sinne einer »inventiven Rückkehr« zur Natur der Naturlaut und die verfeinerte Musiksprache der Gegenwart zusammentreten, zeigt sich im Finale der *Neunten* allenthalben: Da ist etwa auf der einen Seite die ›rohe‹, anfänglich absichtsvoll unbegleitete Freudenmelodie, auf der anderen ihre Nobilitierung innerhalb einer freilich nicht sonderlich kunstvollen Doppelfuge. Und einerseits kann ein Kritiker der Uraufführung angesichts des Tenor-Solos »Froh, wie seine Sonnen fliegen« urteilen: »das Ächt-türkische [dieser Musik] liegt in der Willkür, womit ein Tonsetzer alle von cultivirten Normen angenommenen Kunstgesetze über die Klinge springen läßt«[175]; andererseits spart Beethoven nicht mit einem ausgedehnten, eher dem Kenner zugedachten Orchester-Fugato, über dessen Funktion in einem Satz, der virtuell als menschheitsumspannender Rundgesang konzipiert ist, nur spekuliert werden kann.

Der hier geäußerte Vorschlag, die Satzfolge der *Neunten* in Analogie zu einer geschichtsphilosophischen Gedankenreihe zu deuten, ist mit Unsicherheiten behaftet, jedoch keineswegs unplausibel: Zum einen gibt es, wie erwähnt, aus der Entstehungszeit der *Neunten* mündliche und schriftliche Äußerungen sowie stichwortartige Eintragungen in den Skizzenbüchern, die sich als Mosaiksteine zu einem hypothetischen Gesamtbild dessen zusammensetzen lassen, was Beethoven mit der *Neunten* ›philosophisch‹ intendiert hat. Zum anderen kann kein Zweifel darüber herrschen, dass Beethoven auch *generell* wie kein zweiter Komponist vor ihm mit philosophischen Gedankengängen befasst war und sein Werk – auch – als ein philosophisches verstand. Insofern ist es – zum Dritten – nicht unangemessen, an dieser Stelle den Philosophen Friedrich Schelling zu zitieren, der zur Zeit der *Neunten* an seinem unvollendeten Werk *Die Weltalter* saß: »Vielleicht kommt der noch, der das größte Heldengedicht singt, im Geist umfassend, wie von den Sehern der Vorzeit gerühmt wird, was war, was ist und was seyn wird.«[176] Es macht sogar Sinn, an eine Strophe aus Friedrich Hölderlins Hymne *Wie wenn am Feiertage* zu erinnern:

Doch uns gebührt es, unter Gottes Gewittern,
Ihr Dichter! mit entblößtem Haupte zu stehen,
Des Vaters Stral, ihn selbst, mit eigner Hand
Zu fassen und dem Volk ins Lied
Gehüllt die himmlische Gabe zu reichen.

Mit einiger Emphase Parallelen zwischen der *Neunten* und zeitgenössischer Dichtung oder Philosophie zu ziehen, ist legitim, weil kein anderes Musikwerk der Beethoven-Ära gleichermaßen den Anspruch erheben kann, das Ganze der Welt erfassen und sowohl in kosmische Weiten als auch in seelische Tiefen vordringen zu wollen.

Vor diesem Denkhorizont hat man der *Neunten* von Anfang an den Charakter von Erhabenheit zugesprochen.[177] Wo es nicht um schiere Größe oder das mathematisch Erhabene im Sinne Kants geht, ist Erhabenheit jedoch ein schillernder Begriff; und speziell in einer so hochdifferenzierten Kunst wie derjenigen Beethovens ist es allein mit Kennzeichnungen wie Monumental- oder Lapidarstil nicht getan, so wenig man um sie herum kommt. Der Kopfsatz der *Neunten* ist motivisch-thematisch zersplitterter als derjenige der *Fünften* oder selbst der *Eroica*. Gegensätzliche Gedanken fließen ineinander, lösen sich in rascher Folge ab. Laut Michael Gielen wird schon in der Exposition »alles zerbrochen und neu zusammengefügt und auch verrätselt«[178].

Die Durchführung vergleicht Adorno mit dem Agieren von Shakespeares Hamlet, »der nach unendlich langen und ›durchgeführten‹ Vorbereitungen schließlich im letzten Augenblick, unfrei und unter dem Zwang der Situation, planlos und gestisch das vollbringt, was als ›Entwicklung‹ sich nicht vollbringen ließ. Das Formschema des gordischen Knotens.«[179] Man wird vermutlich ergebnislos darüber nachdenken, ob die beobachteten Willkürlichkeiten und logischen Brüche bewusst oder unbewusst komponiert sind und ob eine solche Differenzierung Beethovens Schaffensprozess überhaupt adäquat ist. Jedenfalls sind sie bereits ein Bestandteil des Spätstils, der jeglichem stromlinienförmigen Komponieren, wenn es solches denn beim ›heroischen‹ Beethoven gegeben haben sollte, den endgültigen Abschied gibt.

Für Momente gesteigerter Konzentration sorgen die zahlreichen Unisoni. Charakteristischer Weise endet der 1. Satz denn auch mit einem dieser Unisoni – jedoch merkwürdig abrupt: Das auf sein Kopfmotiv reduzierte Hauptthema scheint sich eher resignativ zu verlieren als final aufzutrumpfen. Der auf Grenzenlosigkeit angelegte Satz wird gleichsam abgeschaltet. Der amerikanische Musikologe Leo Treitler beobachtet demgemäß nach dem letzten Takt kein »end«, sondern nur einen »stop«[180]: Beethoven ist an seine Grenzen gestoßen; er komponiert nicht nur Monumentalität, sondern auch seine eigene Überforderung.

Im 2. Satz scheint er die Feder geradezu aus der Hand zu legen und sich einem spukhaft-orgiastischen Taumel zu überlassen, um freilich im Trio – im Sinne eines extremen Kontrastes – ein Moment von naturhaft menschlicher Wärme zu verbreiten. Auch im 3. Satz, dem *Adagio molto e cantabile*, »verrätselt Beethoven seinen eigenen Diskurs«[181], komponiert aber immerhin bei allen Kühnheiten der Harmonik und Besonderheiten der Instrumentation mit so zärtlicher Geste, dass sogar der an sich strikt formal analysierende Heinrich Schenker den Übergang von Streichern zu Bläsern in Takt 6 mit der Vorstellung verband, es würden »menschliche Arme begehrend nach einem Gegenstande langen, der so nah erreichbar ist«[182]: Wollte der Komponist hier mit aller nur denkbaren Schönheit aufwarten, auf dass den Hörern die anschließende »Schreckensfanfare« umso wüster in den Ohren gelle?

Vielleicht auch unter dem Eindruck des abrupten, durch keinerlei Pause zwischen den Sätzen gemilderten Übergangs zwischen *Adagio* und anschließender »Schreckensfanfare« waren selbst Teile eines »für Beethovens Symphonien vorzüglich gebildeten Publikums« von der *Neunten* von Anfang an »abgestoßen«, wie es in einer Konzertkritik aus dem Jahr 1826 heißt.[183] Fanny Hensel-Mendelssohn spricht 1836 angesichts einer von ihrem Bruder geleiteten Aufführung von »dieser kolossalen 9. Symphonie, die so gross und zum Theil so abscheulich ist, wie nur der grösste Mann sie machen kann«. Und sie schlägt sich mit einem Finale herum, das »dithyrambisch sein soll, aber nun auf seiner Höhe umschlägt und in sein Extrem fällt, in's Burleske«[184]. Als Echo auf eine Dresdner Aufführung der *Neunten* durch Richard Wagner spricht der Kunst- und Musikkenner Carl Gustav Carus zehn Jahre später bei allem Respekt vor »dem mächtigen Genius eines Beethoven« vom »blo-ßen Wunderlichen und tief Zerrissenen« des Finales, von »der Unruhe, dem Unbefriedigtsein, der Qual des Künstlers«, in deren Gefolge »an vielen Stellen ein vollkommener Wahnsinn durchzubrechen« scheine.[185]

Wagner selbst feiert die *Neunte* zwar als Vorahnung seines eigenen musikalischen Dramas, bemerkt jedoch gegenüber dem Freund
Liszt einschränkend: »Für die 9te Symphonie (als Kunstwerk) ist
der letzte Satz mit den Chören entschieden der schwächste Theil, er
ist bloss kunstgeschichtlich wichtig, weil er uns auf sehr naive Weise
die Verlegenheit eines wirklichen Tondichters aufdeckt, der nicht
weiss, wie er endlich (nach Hölle und Fegefeuer) das Paradies darstellen soll.«[186]

Man muss die Äußerungen von Fanny Hensel, Carl Gustav
Carus und Richard Wagner, denen sich andere an die Seite stellen
ließen, nicht als Kritik im philiströsen Sinne verstehen; eher handelt
es sich um Distanzierungen von Verehrern der Beethovenschen
Kunst, die nicht wissen, wie sie mit dem Ausnahmewerk umgehen
sollen, jedoch versuchen, sich auf das ihnen fremd Erscheinende
intellektuell und emotional einzulassen. Sind heutige Hörer, welche
die *Neunte* im Rahmen eines Silvesterkonzerts – oft im Zeichen ge-
ringerer Kennerschaft – problemlos genießen, da wirklich ›weiter‹ –
oder aber nur abgestumpfter?

Es gibt wohl zwei *Neunte*: eine heroische und eine karnevaleske.
Dabei zeigt sich die Größe des Werks darin, dass sich – wie in einem
Vexierbild – beides in einem findet. Um den Leser mit der Vorstellung des »Karnevalesken«, die der Literaturtheorie Michail Bachtins
entlehnt ist, nicht vorschnell zu befremden, sei hier eine Zwischen-
kategorie eingeschoben, nämlich die des Dionysischen. In diese
Richtung hat Friedrich Nietzsche gedacht, als er in seiner Schrift
Die Geburt der Tragödie aus dem Geist der Musik vor dem Hintergrund des Dionysischen über das Chorfinale der *Neunten* urteilte:
»Jetzt, bei dem Evangelium der Weltenharmonie, fühlt sich jeder
mit seinem Nächsten nicht nur vereinigt, versöhnt, verschmolzen,
sondern eins, als ob der Schleier der Maja zerrissen wäre und nur
noch in Fetzen vor dem geheimnisvollen Ur-Einen herumflattere.
Singend und tanzend äußert sich der Mensch als Mitglied einer höheren Gemeinsamkeit: er hat das Gehen und Sprechen verlernt und

ist auf dem Wege, tanzend in die Lüfte emporzufliegen. Aus seinen Gebärden spricht die Verzauberung. [...] Die Kunstgewalt der ganzen Natur, zur höchsten Wonnebefriedigung des Ur-Einen, offenbart sich hier unter den Schauern des Rausches.«[187]

Um einer unpathetischen Deutung der *Neunten* näherzukommen, muss man weniger auf Termini wie »Weltenharmonie« achten als auf die Vorstellung von »Singen«, »Tanzen«, »Verzauberung« und »Rausch«: Es geht um einen Ausnahmezustand, in dem die traditionellen ästhetischen Regularien nichts ausrichten. Das aber führt zum Moment des Karnevalesken à la Bachtin:[188] Der Karneval erlebt sich als ein Theater, das nur aus Akteuren besteht; zu seiner Kultur gehört der Sieg des Außerordentlichen über das Ordentliche, des Körperlichen über das Spirituelle und der Kontingenz über die Logik; Slapstick und tieferer Sinn liegen nahe beieinander.

Slavoj Žižek bezieht solche Dialektik nicht allein auf den Schlusssatz der *Neunten*, gibt vielmehr auch im Blick auf ihren monumentalen Beginn zu bedenken: »Hat es je eine prägnantere Erklärung der entschlossenen, ja störrischen Haltung des kompromißlosen Willens zur Durchsetzung der eigenen Entscheidung gegeben? Aber muß nicht andererseits genau diese Geste, wenn man nur leicht die Perspektive verschiebt, als lächerliches Getue erscheinen, als hysterisches Herumfuchteln, das durchblicken läßt, daß hier eigentlich ein Hochstapler am Werk ist?«[189] Man mag es zwar erfrischend finden, dass sich ein Philosoph unserer Zeit so unbekümmert zu äußern weiß, sollte jedoch nicht unterschlagen, dass – wie dargestellt – bereits im 1. Satz der *Neunten* musikalische Gesten des Scheiterns und der Ergebung hörbar werden: Beethoven komponiert weit dialektischer, als es der Hegel-Kenner Žižek hier wahrhaben will.

Vielleicht sollte man eher auf Victor Hugo verweisen, der sich in seiner *Préface de Cromwell* schon drei Jahre nach der Uraufführung der *Neunten* für die Gattung des Grotesk-Erhabenen einsetzt.[190] Der Literaturwissenschaftler Wolfgang Kayser sieht darin die Anfänge einer doppelten Ästhetik der literarischen Moderne, als Erfahrung und Darstellung zerstörter Harmonie sowie als Indiz der Entfremdung von ursprünglicher Heilsgewissheit.[191]

Man scheut davor zurück, Beethoven solche Modernität zu unterstellen, beobachtet freilich, dass er in den Streichquartetten, die der *Neunten* folgen werden, die *Möglichkeit* einer solchen Entfremdung bewegend reflektiert hat. So belässt man es am besten bei den Ambivalenzen, von denen die *Neunte* geprägt ist: Einerseits brennt dort das Feuer des Idealismus, andererseits herrscht eine Hypertrophie des Überwinden- und Siegenwollens. Die Letztere ist, wie beschrieben, schon Hörern des 19. Jahrhunderts grotesk erschienen, hat freilich mehr mit verzweifelter Willensanstrengung als mit Lächerlichkeit zu tun. Von karnevalesken Zügen zu sprechen, ist im Blick auf Beethoven als komponierendes Subjekt respektlos, im Blick auf den modernen Hörer jedoch produktiv: Dieser wäre nicht länger gezwungen, dem Finale im Sinne Nietzsches wie im »Rausch« zu lauschen; er könnte es vielmehr, gleichfalls mit Nietzsche, auf einer Metaebene »tanzend« und »singend« mitvollziehen. Dieser postmoderne Zugang ist nicht der Weisheit letzter Schluss; er erlaubt jedoch dem Hörer ›mitzumachen‹, ohne sich eine Botschaft, mit der schon der späte Schiller nicht mehr viel anfangen konnte, mit der Gewalt aufzwingen zu lassen, welche die Musik – auch – ausstrahlt. Auch wäre der leidenschaftliche Formanalytiker der Aufgabe entbunden, auch dort einen immanent musikalischen Sinn zu entdecken, wo er sich lieber in den Festzug einreihen sollte.

Die *Neunte* zählt zu den bedeutenden Werken der neueren Kulturgeschichte, in denen sich wie in einem Prisma ebenso charakteristische wie unterschiedliche Lichtstrahlen brechen: Da gibt es den Beethovenschen Individualstil mit all seinen – oft kaum zu fixierenden – Schwankungen zwischen Weltumarmung und -absage, zwischen Duldsamkeit und Rigorismus, zwischen Volkshymne und Doppelfuge. Zugleich spürt man einen Zeitgeist, der seinerseits gespalten ist: hier die Hoffnung, dass eine emphatische Kunstreligion jenen letzten Versicherungsgrund zu bieten vermöge, den der alte Kirchenglaube immer weniger zu garantieren vermag; dort der Zweifel daran, dass das alles mehr als ein Als-Ob sei – einhergehend mit der Forderung, der moderne Künstler müsse auf sich gestellt und ohne den Segen von oben zurechtkommen.

Beethovens *Neunte* trägt damit exemplarisch einen Widerspruch aus, der das Genre der Finalsinfonie das ganze 19. Jahrhundert über begleiten wird – bis hin zu Gustav Mahlers *Symphonie der Tausend*, die an der Fülle ihrer hymnischen Momente zu ersticken droht. Für Beethovens *Neunte* hat Michael Gielen einen Vorschlag gemacht, der dem Finale den »verlogen-feierlichen Charakter« nehmen soll: Er hat in seinen Aufführungen der »Schreckensfanfare«, die ja in heutigen Zeiten nicht mehr so erschreckend klingt wie womöglich zu denen Beethovens, gelegentlich Arnold Schönbergs Komposition *A Survivor from Warsaw* vorangestellt – als Hinweis darauf, wohin »der Idealismus, der ja in dem Schiller-Gedicht und sicher auch in Beethovens Brust präsent war, die Menschheit« – auch – gebracht hat[192].

Für Ernst Bloch war das »wahre Finale« der *Neunten* ihr *Adagio*: Dieses »dröhnt keinem verabredeten Schlußpunkt entgegen«, zählt vielmehr zu den »langsamen Wundern der Musik«, die »über die Zeit, folglich auch übers Vergehen hinaus« zielen. Es gleicht dem »Aufhorchen des Subjekts an einem Ort«, den keine noch so machtvolle Triumphgeste erreicht.[193] Doch vielleicht vermag das Chorfinale, so der Philosoph des *Prinzip Hoffnung*, immerhin den »Vor-Schein eines Gutgewordenen« zu geben, »eines menschenmöglichen Elysiums, für das noch keine Konkretion« möglich ist.[194]

Das ist weise gesehen: Dass die Zeit des Heils angebrochen sei, wollten schon die Finali der *Eroica*, der *Fünften*, *Sechsten* und *Siebten* dartun. Sollten sie es nicht geschafft haben, könnte es auch keinem noch so monumentalen Chorfinale gelingen. Indessen stünde ein solches für den Anspruch auf Glück, den Beethoven im Medium seiner Kunst lebenslang aufrecht erhalten hat.

Beethoven zur Zeit der 9. Sinfonie. Kreidezeichnung des Prominentenmalers
Johann Stephan Decker aus dem Jahr 1824 (Österreichische Nationalbibliothek Bildarchiv PORT_00000761)

Anmerkungen

[1] Stéphane Mallarmé, Œuvres complètes, hg. v. Henri Mondor und G. Jean-Aubry, Paris 1945, S. 495.

[2] Wolfgang Robert Griepenkerl, Das Musikfest oder die Beethovener, 2. Aufl. Braunschweig 1841, S. 110 f.

[3] Vgl. Robert Morrissey, The Economy of Glory. From Ancien Régime France to the Fall of Napoleon, Chicago 2014.

[4] Alexander Wheelock Thayer, Ludwig van Beethovens Leben. Nach dem Original-Manuskript deutsch bearbeitet von Hermann Deiters, Revision von Hugo Riemann, Bd. 1, 3. Aufl. Leipzig 1917, S. 303.

[5] Irmgard Leux, Christian Gottlob Neefe (1748-1798), Leipzig 1925, S. 198.

[6] Helga Lühning und Sieghard Brandenburg (Hg.), Beethoven. Zwischen Revolution und Restauration, Bonn 1989, S. 11.

[7] Peter Cahn, Beethovens Entwürfe zu einer d-Moll-Symponie von 1812, in: Musiktheorie 20 (2005), S. 123-129, hier S. 128.

[8] In der ausgearbeiteten Fassung der Neunten ist dann Schillers endgültige Version »Alle Menschen werden Brüder« vertont.

[9] Ludwig van Beethoven, Briefwechsel, Gesamtausgabe. Im Auftrag des Beethoven-Hauses Bonn hg. v. Sieghard Brandenburg, Bd. 1, München 1996, S. 26.

[10] Friedrich Nietzsche, Werke, hg. v. Karl Schlechta, Bd. 4, München 1980, S. 710 u. S. 1024.

[11] Beethoven, Briefwechsel (wie Anm. 9), Bd. 4, S. 298.

[12] Ludwig van Beethovens Konversationshefte, hg. v. Karl-Heinz Köhler und Grita Herre, Bd. 1, Leipzig 1972, S. 210.

[13] Peter Schleuning, Die Geschöpfe des Prometheus op. 43, in: Albrecht Riethmüller u. a. (Hg.), Beethoven. Interpretationen seiner Werke, Bd. 1, Laaber 1994, S. 318 f.

[14] Franz Gerhard Wegeler und Ferdinand Ries, Biographische Notizen über Ludwig van Beethoven, Koblenz 1838, S. 78.

[15] Friedrich Kerst (Hg.), Die Erinnerungen an Beethoven, Bd. 1, Stuttgart 1913, S. 109.

[16] Martin Geck, »Heißt das nicht Handeln bey Ihnen: Componiren?«:

Napoleon als Leitstern Beethovens, in: Veit Veltzke (Hg.), Napoleon: Trikolore und Kaiseradler über Rhein und Weser, Köln 2007, S. 547-552.

[17] Martin Geck und Peter Schleuning, »Geschrieben auf Bonaparte«. Beethovens »Eroica«. Revolution, Reaktion, Rezeption, Reinbek 1989, S. 279.

[18] Egon Voss, Die Beethovensche Symphonie. Skizze einer allgemeinen Charakteristik, in: Renate Ulm (Hg.), Die 9 Symphonien Beethovens. Entstehung, Deutung, Wirkung, Kassel u. a. 1994, S. 35.

[19] Paul Fiebig (Hg.), Über Beethoven. Von Musikern, Dichtern und Liebhabern. Eine Anthologie, Stuttgart 1993, S. 297 f.

[20] Dieter Rexroth, Beethovens Symphonien. Ein musikalischer Werkführer, München 2005, S. 49.

[21] Adolf Bernhard Marx, Ludwig van Beethoven. Leben und Schaffen, Bd. 1, 2. Aufl. Berlin 1863, S. 212 f.

[22] Geck / Schleuning, »Geschrieben auf Bonaparte« (wie Anm. 17), S. 265.

[23] Erich Roeder, Felix Draeseke, Dresden 1932, S. 106.

[24] Richard Wagner, Sämtliche Briefe, Bd. 11, hg. v. Martin Dürrer, Wiesbaden 1999, S. 329.

[25] Paul Bekker, Die Sinfonie von Beethoven bis Mahler, Berlin 1918, S. 15.

[26] Nach der Komposition der h-Moll-Sinfonie spricht Schubert davon, sich den »Weg zur großen Sinfonie« erst noch »bahnen« zu müssen. Vgl. Martin Geck, Von Beethoven bis Mahler. Die Musik des deutschen Idealismus, Stuttgart und Weimar 1993, S. 108 u. S. 113.

[27] Susan McClary, Feminine Endings. Music, Gender and Sexuality, Minneapolis 1991, S. 128.

[28] Zitiert nach: Frédéric Döhl, Die neunte Sinfonie, in: Albrecht Riethmüller (Hg.), Das Beethoven-Handbuch, Bd. 1, Laaber 2013, S. 279-318, hier S. 308.

[29] Walter Benjamin, Gesammelte Schriften, Bd. 1,2, hg. v. Rolf Tiedemann, Frankfurt a. M. 1974, S. 696.

[30] Geck / Schleuning, »Geschrieben auf Bonaparte« (wie Anm. 17), S. 231.

[31] Carson McCullers, Das Herz ist ein einsamer Jäger, aus dem Amerikanischen von Susanna Rademacher, Zürich 1963, S. 146.

[32] Oliver Evans, Carson McCullers: Her Life and Work, London 1965, S. 148.

[33] Carson McCullers, Das Herz ist ein einsamer Jäger (wie Anm. 31), S. 147.

[34] Heinrich Christoph Koch, Versuch einer Anleitung zur Composition, Bd. 1 (1782), 4. Reprint Hildesheim 2008, S. 12.

[35] Theodor W. Adorno, Beethoven. Philosophie der Musik: Fragmente und Texte, hg. v. Rolf Tiedemann, 2. Aufl. Frankfurt a. M. 1994, S. 230.

[36] E. T. A. Hoffmann, Rezension der 5. Sinfonie von Beethoven in *Leipzi-*

ger Allgemeine Musikalische Zeitung 1810, zitiert nach: Stefan Kunze (Hg.), Beethoven. Die Werke im Spiegel seiner Zeit, Laaber 1996, S. 102 u. S. 111.

[37] Eduard Hanslick, Vom Musikalisch-Schönen (1854), 21. Aufl. Wiesbaden 1989, S. 34 u. S. 59.

[38] Carl Dahlhaus, Plädoyer für eine romantische Kategorie. Der Begriff des Kunstwerks in der neuesten Musik, in: ders., Schönberg und andere. Gesammelte Aufsätze zur Neuen Musik, Mainz u. a. 1978, S. 270-278, hier S. 277.

[39] Georg Wilhelm Friedrich Hegel, Jenaer Systementwürfe III. – Zitiert nach Slavoj Žižek, Weniger als nichts. Hegel und der Schatten des dialektischen Materialismus, aus dem Englischen von Frank Born, Berlin 2014, S. 485.

[40] Zitiert nach Raphael Wild, Gott erkennen: »Methode und ›Begriff‹« in G. W. F. Hegels »Wissenschaft der Logik« und »Philosophie der Religion«, London 2005, S. 284.

[41] Leander Hotaki, Robert Schumanns Mottosammlung, Freiburg i. Br. 1998, S. 409.

[42] Elisabeth Eleonore Bauer, Beethoven – unser musikalischer Jean Paul, in: Beethoven. Analecta varia (Musik-Konzepte 56), München 1987, S. 83-105.

[43] Geck, Von Beethoven bis Mahler (wie Anm. 26), S. 30.

[44] Thayer / Deiters / Riemann, Ludwig van Beethovens Leben (wie Anm. 4), Bd. 3 (1923), S. 227.

[45] Nils Büttner, Wie der Kontrapunkt ins Bild kam, in: Ulrich Tadday (Hg.), Philosophie des Kontrapunkts (Musik-Konzepte, Sonderband), München 2010, S. 201-222, hier S. 215.

[46] Ebda., S. 218.

[47] Griepenkerl, Das Musikfest oder die Beethovener (wie Anm. 2), S. 153.

[48] Umberto Eco, Die Grenzen der Interpretation. Aus dem Italienischen von Günter Memmert, München 1992, S. 202.

[49] Kunze, Beethoven (wie Anm. 36), S. 630-643.

[50] Beethoven, Briefwechsel (wie Anm. 9), Bd. 6, S. 112.

[51] E. T. A. Hoffmann, Phantasiestücke in Callots Manier, in: Poetische Werke, Bd. 1, Berlin 1957, S. 42.

[52] Vgl. Slavoj Žižek, Parallaxe, aus dem Englischen von Frank Born, Frankfurt a. M. 2006.

[53] Johann Georg Sulzer, Allgemeine Theorie der Schönen Künste, 4. Theil, 2. Aufl. Leipzig 1794, S. 478 f.

[54] Wilhelm Heinrich Wackenroder, Werke und Briefe, Heidelberg 1967, S. 255 f.

[55] Beethoven, Briefwechsel (wie Anm. 9), Bd. 4, S. 298.

[56] Nietzsche, Werke (wie Anm. 10), Bd. 3, S. 284.

[57] Friedrich Schlegel, Literarische Notizen, hg. v. Hans Eichner, Frankfurt a. M. 1980, S. 69.

[58] Friedrich Schlegel, Kritische Neuausgabe der Werke, Bd. 5, München u. a. 1962, S. 82.

[59] Ebda., Bd. 2 (1967), S. 254.

[60] Peter Gülke, Introduktion als Widerspruch im System. Zur Dialektik von Thema und Prozessualität, in: ders., »... immer das Ganze vor Augen«. Studien zu Beethoven, Stuttgart und Weimar 2000, S. 69 u. S. 71.

[61] Hans Bunge, Fragen Sie mehr über Brecht. Hanns Eisler im Gespräch, München 1970, S. 27.

[62] Wilhelm von Lenz, Beethoven. Eine Kunst-Studie, Bd. 5, Hamburg 1860, S. 219.

[63] Karl Nef, Die neun Sinfonien Beethovens, Leipzig 1928, S. 67.

[64] Ebda.

[65] Ebda.

[66] Thayer/Deiters/Riemann, Ludwig van Beethovens Leben (wie Anm. 4), Bd. 4 (1907), S. 29.

[67] Anton Schindler, Ludwig van Beethoven, Bd. 2, 5. Aufl. Münster 1927, S. 161.

[68] Zitiert nach Michael Ladenburger (Hg.), Beethoven und sein Bonner Freundeskreis, Bonn 1998, dort Faksimile S. 61.

[69] Thayer / Deiters / Riemann, Ludwig van Beethovens Leben (wie Anm. 4), Bd. 3 (1923), S. 221.

[70] Kunze, Beethoven (wie Anm. 36), S. 22.

[71] Johann Christian Kittel, Anweisung zum zweckmäßigen Gebrauch der Orgel, Bd. 3, Erfurt 1803, S. 67.

[72] Carl Dahlhaus, Ludwig van Beethoven und seine Zeit, Laaber 1987, S. 106.

[73] Arnold Schmitz, Das romantische Beethovenbild, Berlin und Bonn 1927, S. 165 f.

[74] Wilhelm Seidel, Ludwig van Beethoven. 1. Symphonie C-Dur, München 1979, S. 33.

[75] Ebda., S. 31.

[76] Robert Schumann, Gesammelte Schriften über Musik und Musiker, Bd. 1, 2. Aufl. Leipzig 1871, S. 331 f.

[77] Donald Francis Tovey, Essays in Musical Analysis, Bd. 1, 14. Aufl. Oxford 1972, S. 23.

[78] Geck / Schleuning, »Geschrieben auf Bonaparte« (wie Anm. 17), S. 58.

[79] Johann Mattheson, Das Neu-Eröffnete Orchestre, Hamburg 1713, S. 241.

[80] Hector Berlioz, À Travers Chants, deutsch in: Literarische Werke, Bd. 6, aus dem Französischen von Elly Ellès, Leipzig 1912, S. 15.

[81] Adolf Nowak, 2. Symphonie op. 36, in: Riethmüller u. a. (Hg.), Beethoven (wie Anm. 13), Bd. 1, S. 291.

[82] Ebda., S. 297.

[83] Seidel, Ludwig van Beethoven (wie Anm. 74), S. 31.

[84] Armin Raab, 2. Symphonie in D-Dur, op. 36, in: Ulm (Hg.), Die 9 Symphonien Beethovens (wie Anm. 18), S. 84.

[85] Nowak, 2. Symphonie op. 36 (wie Anm. 81), S. 294.

[86] Berlioz, À Travers Chants (wie Anm. 80), S. 16.

[87] Harry Goldschmidt, Beethoven. Werkeinführungen, Leipzig 1975, S. 25 f.

[88] Adorno, Beethoven. Philosophie der Musik (wie Anm. 35), S. 236.

[89] Ludwig van Beethovens sämtliche Briefe, hg. v. Emerich Kastner, 2. Aufl. bearb. v. Julius Kapp, Leipzig 1923, Nr. 253.

[90] Carl Czerny, Erinnerungen aus meinem Leben, hg. v. Walter Kolneder, Straßburg u. Baden-Baden 1968, S. 43.

[91] Carl Dahlhaus, Beethovens »Neuer Weg«, in: Jahrbuch des Staatlichen Instituts für Musikforschung, Berlin 1974, S. 46-62, hier S. 54.

[92] Beethoven, Briefwechsel (wie Anm. 9), Bd. 1, S. 219.

[93] Ebda., S. 220.

[94] Geck / Schleuning, »Geschrieben auf Bonaparte« (wie Anm. 17), S. 142-144.

[95] Vgl. die Literaturangaben in: Peter Schleuning, 3. Symphonie Es-Dur, Eroica op. 55, in: Riethmüller u. a. (Hg.), Beethoven (wie Anm. 13), Bd. 1, S. 386-400.

[96] Cosima Wagner, Die Tagebücher, ed. u. kom. v. Martin Gregor-Dellin und Dietrich Mack, Bd. 1, München und Zürich 1976, S. 401.

[97] Max Frisch, Entwürfe zu einem dritten Tagebuch, Frankfurt a. M. 2010, S. 176.

[98] Adorno, Beethoven. Philosophie der Musik (wie Anm. 35), S. 156 f.

[99] Peter Schleuning, Schönberg und die Eroica. Ein Vorschlag zu einer anderen Art der Rezeptionsforschung, in: Otto Kolleritsch (Hg.), Beethoven und die zweite Wiener Schule, Wien und Graz 1992, S. 25-50, hier S. 42.

[100] Ebda., S. 33.

[101] Beethoven, Briefwechsel (wie Anm. 9), Bd. 3, S. 20.

[102] Nicolás Gómez Dávila, Es genügt, dass die Schönheit unseren Überdruss streift ... Aphorismen, Stuttgart 2007, S. 29.

[103] Bertolt Brecht, Gesammelte Werke in 20 Bänden, Bd. 16, Frankfurt a. M. 1968, S. 610.

[104] Peter Gülke, Natur darstellen – Natur sein: die Pastorale, in: ders., »... immer das Ganze vor Augen« (wie Anm. 60), S. 195.

[105] Rudolf Bockholdt, Proportionen der Tempi und Metamorphose des

Tempos im ersten Satz von Beethovens Vierter Symphonie, in: Johannes Fischer (Hg.), Münchener Beethoven-Studien, München und Salzburg 1992, S. 46-56, hier S. 49.

[106] Zitiert nach Peter Gülke, Introduktion als Widerspruch im System (wie Anm. 60), S. 77. – Die Forschung ist sich nicht sicher, ob Weber sich ausdrücklich auf die *Vierte* bezieht. Wenn er jedoch eine spezielle Sinfonie Beethovens vor Augen hat, muss es sich wohl um diese handeln.

[107] Zitiert nach Nef, Die neun Sinfonien Beethovens (wie Anm. 63), S. 108.

[108] Michael Gielen und Paul Fiebig, Beethoven im Gespräch. Die neun Sinfonien, Stuttgart und Weimar 1995, S. 58 f.

[109] Egon Voss, »So pocht das Schicksal an die Pforte«. Überlegungen zu Anton Schindlers Äußerungen über den Beginn von Beethovens 5. Symphonie, in: Bonner Beethoven-Studien 11 (2014), S. 185-191.

[110] Adolf Bernhard Marx, Etwas über die Symphonie und Beethovens Leistungen in diesem Fach, in: Berliner Allgemeine Musikzeitung 1824, zitiert nach: Kunze, Beethoven (wie Anm. 36), S. 635.

[111] Schumann, Gesammelte Schriften über Musik und Musiker (wie Anm. 76), Bd. 1, S. 109.

[112] Karl H. Wörner, Das Zeitalter der thematischen Prozesse in der Geschichte der Musik, Regensburg 1969, S. 18.

[113] Peter Gülke, Zur Neuausgabe der Sinfonie Nr. 5 von Ludwig van Beethoven. Werk und Edition, Leipzig 1978, S. 53.

[114] Zitiert nach Marx, Ludwig van Beethoven (wie Anm. 21), Bd. 2, S. 68.

[115] Hans von Wolzogen, Erinnerungen an Richard Wagner, Leipzig 1888, S. 35 f.

[116] Gülke, Zur Neuausgabe der Sinfonie Nr. 5 (wie Anm. 113), S. 67.

[117] Cosima Wagner, Die Tagebücher (wie Anm. 96), Bd. 2 (1977), S. 568.

[118] Stefan Kunze (Hg.), Beethoven (wie Anm. 36), S. 101, S. 109 u. S. 111.

[119] Albert Heim, Töne der Wasserfälle. Verhandlungen der Schweizerischen Naturforschenden Gesellschaft 56 (1873), S. 209-214.

[120] Wegeler / Ries, Biographische Notizen (wie Anm. 14), S. 77 f.

[121] Rudolf Bockholdt, Beethoven. VI. Symphonie F-Dur op. 68, München 1981, S. 78.

[122] Roland Schmenner, Die Pastorale. Beethoven, das Gewitter und der Blitzableiter, Kassel u. a. 1998, S. 171.

[123] Gülke, Natur darstellen – Natur sein (wie Anm. 104), S. 199.

[124] Gielen / Fiebig, Beethoven im Gespräch (wie Anm. 108), S. 76.

[125] Thayer / Deiters / Riemann, Ludwig van Beethovens Leben (wie Anm. 4), Bd. 3 (1923), S. 506.

126 Z. B. von Carl Czerny im Zusammenhang mit seiner Äußerung über Beethovens »neuen Weg«: Albert Leitzmann (Hg.), Ludwig van Beethoven. Berichte der Zeitgenossen, Bd. 1, Leipzig 1921, S. 33.

127 Jean Starobinski, Rousseau. Eine Welt von Widerständen, aus dem Französischen von Ulrich Raulff, München 1988, S. 386.

128 Ebda., S. 388.

129 Ebda., S. 535.

130 Ebda., S. 436.

131 Friedrich Hölderlin, Sämtliche Werke, Bd. 2, hg. v. Friedrich Beißner, Stuttgart 1951, S. 147.

132 Theodor W. Adorno, Minima Moralia. Reflexionen aus einem beschädigten Leben, Frankfurt a. M. 1969, S. 142 f.

133 Max Kalbeck, Johannes Brahms, Bd. 1,1, Berlin 1908, S. 165.

134 Wolfgang Osthoff, Zum Vorstellungsgehalt des *Allegretto* in Beethovens 7. Symphonie, in: Archiv für Musikwissenschaft 34 (1977), S. 159-179.

135 Siegfried Wagner, Erinnerungen, Stuttgart 1923, S. 20. Laut Cosima Wagner (wie Anm. 96, Bd. 2 [1977], S. 1089) könnte es sich um das *Allegretto scherzando* der *Achten* gehandelt haben, was jedoch letztlich nichts zur Sache tut, weil es in beiden Fällen um das tänzerische Moment geht.

136 Ludwig van Beethovens Konversationshefte (wie Anm. 12), Bd. 3 (1983), S. 350.

137 Vgl. die Übersicht bei Albrecht Riethmüller, 7. Symphonie op. 92, in: ders. u. a. (Hg.), Beethoven (wie Anm. 13), Bd. 2, S. 60.

138 Berlioz, À Travers Chants (wie Anm. 80), S. 35.

139 Romain Rolland, Ludwig van Beethoven, aus dem Französischen von Lisbeth Langnese-Hug, Zürich 1918, S. 48.

140 Gielen / Fiebig, Beethoven im Gespräch (wie Anm. 108), S. 84.

141 Richard Wagner, Sämtliche Schriften und Dichtungen, Bd. 3, 5. Aufl. Leipzig o. J., S. 94 f.

142 Peter Gülke, Zur Bestimmung des Sinfonischen, in: ders., »... immer das Ganze vor Augen« (wie Anm. 60), S. 47.

143 Johann Gottfried Herder, Fragmente einer Abhandlung über die Ode, in: Sämmtliche Werke, Bd. 32, hg. v. Carl Redlich, Berlin 1899, 3. Reprint Hildesheim 1994, S. 61 ff.

144 Berlioz, À Travers Chants (wie Anm. 80), S. 36.

145 Gielen / Fiebig, Beethoven im Gespräch (wie Anm. 108), S. 89.

146 Ebda., S. 88.

147 Peter I. Tschaikowski, Erinnerungen und Musikkritiken, Wiesbaden 1974, S. 134.

[148] Thayer / Deiters / Riemann, Ludwig van Beethovens Leben (wie Anm. 4), Bd. 3 (1923), S. 302.

[149] Gielen / Fiebig, Beethoven im Gespräch (wie Anm. 108), S. 91.

[150] Robert Schumann, Gesammelte Schriften über Musik und Musiker (wie Anm. 76), Bd. 1, S. 79.

[151] Schmitz, Das romantische Beethovenbild (wie Anm. 73), S. 169 f.

[152] Carl Friedrich Glasenapp, Das Leben Richard Wagners, Bd. 6, Leipzig 1911, S. 447.

[153] Marx, Ludwig van Beethoven (wie Anm. 21), Bd. 2, S. 209.

[154] Zitiert nach Herbert Schneider, Einführung und Analyse zu Ludwig van Beethoven, 8. Sinfonie, Mainz und München 1989, S. 31.

[155] Carl Dahlhaus, Bemerkungen zu Beethovens 8. Symphonie, in: Schweizerische Musikzeitung 110 (1970), S. 205-209, hier S. 209.

[156] Gielen / Fiebig, Beethoven im Gespräch (wie Anm. 108), S. 98.

[157] Adorno, Beethoven. Philosophie der Musik (wie Anm. 35), S. 236.

[158] Leopold Schmidt, Beethoven. Werke und Leben, Berlin 1924, S. 215 f.

[159] Constantin Floros, Gustav Mahler, Bd. 2, Wiesbaden 1977, S. 307.

[160] Vgl. zu diesem Abschnitt Martin Geck, Ludwig van Beethoven, 7. Aufl. Reinbek 2014, S. 109 f.

[161] Robert Schumann, Gesammelte Schriften über Musik und Musiker (wie Anm. 76), Bd. 1, S. 109.

[162] Kunze, Beethoven (wie Anm. 36), S. 316.

[163] Vgl. Karl Heinz Bohrer, Imaginationen des Bösen. Für eine ästhetische Kategorie, München und Wien 2004, S. 70.

[164] Ebda., S. 71.

[165] Vgl. Thayer / Deiters / Riemann, Ludwig van Beethovens Leben (wie Anm. 4), Bd. 5, S. 27 f. – Sieghard Brandenburg, Die Skizzen zur Neunten Symphonie, in: Harry Goldschmidt (Hg.), Zu Beethoven, Bd. 2, Berlin 1984, S. 88 ff.

[166] Ludwig Nohl, Beethovens Leben, Bd. 3,1, 2. Aufl. Berlin 1913, S. 200.

[167] Zitiert in Nicholas Cook, Beethoven: Symphony No. 9, Cambridge 1993, S. 87.

[168] Richard Wagner, Mein Leben, hg. v. Martin Gregor-Dellin, München 1976, S. 43.

[169] Dahlhaus, Ludwig van Beethoven und seine Zeit (wie Anm. 72), S. 110.

[170] Hans Werner Henze (Hg.), Die Zeichen (Neue Aspekte der musikalischen Ästhetik 2), Frankfurt a. M. 1981, S. 343.

[171] Robert Schumann, Gesammelte Schriften über Musik und Musiker (wie Anm. 76), Bd. 1, S. 38.

172 Zitiert nach Dieter Rexroth (Hg.), Ludwig van Beethoven. Sinfonie Nr. 9 d-Moll, Mainz 1979, S. 324.

173 Jürgen Link, Hölderlin – Rousseau: Inventive Rückkehr, Opladen 1999.

174 Marie-Elisabeth Tellenbach, Beethoven und seine »Unsterbliche Geliebte« Josephine Brunswick, Zürich 1983, S. 157.

175 Kunze, Beethoven (wie Anm. 36), S. 481.

176 Friedrich Schelling, Werke, hg. v. Manfred Schröter, Bd. 4, München 1927, S. 582.

177 Vgl. Andreas Eichhorn, Beethovens Neunte Symphonie. Die Geschichte ihrer Aufführung und Rezeption, Kassel u. a. 1993.

178 Gielen / Fiebig, Beethoven im Gespräch (wie Anm. 108), S. 117.

179 Adorno, Beethoven. Philosophie der Musik (wie Anm. 35), S. 103.

180 Leo Treitler, History, Criticism, and Beethoven's Ninth Symphony, in: ders., Music and the Historical Imagination, Harvard 1989, S. 19-45, hier S. 25.

181 Gielen / Fiebig, Beethoven im Gespräch (wie Anm. 108), S. 118.

182 Heinrich Schenker, Beethovens Neunte Sinfonie. Eine Darstellung des musikalischen Inhalts, Wien und Leipzig 1912, S. 201.

183 Kunze, Beethoven (wie Anm. 36), S. 487 f.

184 Sebastian Hensel (Hg.), Die Familie Mendelssohn. 1729-1847. Nach Briefen und Tagebüchern, 3. Aufl. Berlin 1882, S. 9.

185 Carl Gustav Carus, Vom Ende Beethoven's. Nach seiner neunten Symphonie. Palmsonntag 1846, in: ders., Mnemosyne, Pforzheim 1848, S. 113-119, hier S. 116 f.

186 Richard Wagner, Sämtliche Briefe, Bd. 7, hg. im Auftrag des Richard-Wagner-Familien-Archivs Bayreuth von Hans-Joachim Bauer und Johannes Forner, Leipzig 1988, S. 204.

187 Nietzsche, Werke (wie Anm. 10), Bd. 1, S. 25.

188 Vgl. dazu Cook, Beethoven: Symphony No. 9 (wie Anm. 167), S. 100 ff. – Jayme Stayer, Bringing Bakhtin to Beethoven: The Ninth Symphony and the Limits of Formalism, in: The Beethoven Journal 10/2 (1995), S. 53-59.

189 Žižek, Parallaxe (wie Anm. 52), S. 189 f.

190 Carsten Celle, Die doppelte Ästhetik der Moderne. Revisionen des Schönen von Boileau bis Nietzsche, Stuttgart und Weimar 1995, S. 291 f.

191 Wolfgang Kayser, Das Groteske. Seine Gestaltung in Malerei und Dichtung, Oldenburg 1957.

192 Gielen / Fiebig, Beethoven im Gespräch (wie Anm. 108), S. 114.

193 Ernst Bloch, Das Prinzip Hoffnung, Frankfurt a. M. 1959, S. 1289.

194 Ebda., S. 977.

Personenregister